『雑誌『國教』と九州真宗』解題・総目次・索引

不二出版

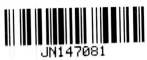

目次

I 解題

　雑誌『國教』にみる通仏教的結束とその挫折
　　―一八九〇年代初頭九州における真宗の動向を中心に― ……………… 中西 直樹 … 7

　明治期仏教教団の在家者教育の一齣
　　―一八九二年「文学寮改正事件」と中西牛郎― ……………………… 中西 直樹 … 23

II 総目次 …………………… 55

III 索引 …………………… (1)

『雑誌『國教』と九州真宗』収録一覧

復刻版巻数	復刻版通号数	原本号数		発行年月日
第1巻	1	國教	第1号	1890(明治23)年9月25日
	2	國教	第2号	1890(明治23)年10月25日
	3	國教	第3号	1890(明治23)年11月25日
	4	國教	第4号	1890(明治23)年12月25日
	5	國教	第5号	1891(明治24)年1月25日
	6	國教	第6号	1891(明治24)年2月25日
	7	國教	第7号	1891(明治24)年4月25日
	8	國教	第8号	1891(明治24)年6月25日
	9	第二國教	第1号	1891(明治24)年10月10日
	10	第二國教	第2号	1891(明治24)年11月20日
	11	第二國教	第3号	1891(明治24)年12月17日
	12	第二國教	第4号	1891(明治24)年12月30日
		*『第二國教』第5号は未見		
	14	第二國教	第6号	1892(明治25)年2月5日
	15	國教	第7号	1892(明治25)年2月29日
	16	國教	第8号	1892(明治25)年3月25日
		*『國教』第9号〜第12号は未見		
第2巻	21	國教	第13号	1892(明治25)年8月15日
	22	國教	第14号	1892(明治25)年8月30日
	23	國教	第15号	1892(明治25)年9月20日
	24	國教	第16号	1892(明治25)年10月27日
	25	國教	第17号	1892(明治25)年11月20日
	26	國教	第18号	1892(明治25)年12月20日
	27	國教	第19号	1893(明治26)年1月25日
	28	國教	第20号	1893(明治26)年3月30日
	29	國教	第21号	1893(明治26)年4月30日
	30	國教	第22号	1893(明治26)年5月30日
	31	國教	第23号	1893(明治26)年6月30日
第3巻	32	國教	第24号	1893(明治26)年8月5日
	33	國教	第25号	1893(明治26)年8月30日
	34	國教	第26号	1893(明治26)年9月30日
	35	國教	第27号	1893(明治26)年10月30日
	36	國教	第28号	1893(明治26)年12月7日
	37	國教	第29号	1893(明治26)年12月30日
	38	國教	第30号	1894(明治27)年2月28日
	39	國教	第31号	1894(明治27)年6月11日
		九州仏教軍	第1号	1891(明治24)年7月15日

I 解題

雑誌『國教』にみる通仏教的結束とその挫折
―一八九〇年代初頭九州における真宗の動向を中心に―

中西　直樹

一　八淵蟠龍と中西牛郎

雑誌『國教』は、一八九〇（明治二三）年九月二五日に熊本市安巳橋通町（現・熊本市中央区安政町）にあった國教雑誌社から創刊された。國教雑誌社は、真宗大谷派願正寺の境内地に附設されていたようであり、一号から八号までの発行兼印刷人をつとめた篠方典は同寺住職であった。しかし、編集・経営面での事実上の責任者は八淵蟠龍であり、当初主筆として社説を担当したのが中西牛郎であった。まずは、この両名の『國教』創刊に至るまでの経歴を紹介しておこう。

八淵蟠龍は、一八四八（嘉永元）年、熊本県上益城郡御船町小坂の東福寺（浄土真宗本願寺派）に生まれ、父は同寺住職厳城であった。蟠龍は豊後戸畑満福寺の南溪の学寮で修学した後、東福寺住職を継職し、一八七六年には薩摩布教に着手して多大な成果を挙げ、七八年に本山が教区・組制度を布いた際には地元寺院から組長に選出されている。その後も、地元の僧俗を糾合して法住教社という仏教結社を組織し、神水義塾という教育機関にも関わるなど、熊本を拠点に幅広い活動を展開していた。

一方、中西牛郎は、一八五九(安政六)年に熊本城下の漢学者の家に生まれ、維新後に東京の勧学義塾などで英語を学んだ後、同郷の徳富蘇峰らの仲介で同志社に転学したが、在学中に熊本で赤松連城・南條文雄ら真宗僧侶と交わり仏教へと傾倒していった。その後帰郷した中西は、一八八一年に郷土熊本で神水義塾を開いた。神水義塾はのちに八淵蟠龍との共同事業となり、八淵蟠龍が『三国仏法伝通縁起』『八宗綱要』をテキストに仏教総論を講じ、中西牛郎が英語・仏語を担当し、牛郎の父惟格が漢学を受持った。その際に生徒数は一五〇名に達し、適宜仏教学者を招いて講演会も開かれたようである。そのかたわら中西は、済々黌でも教鞭を執り、翌八二年に佐々友房・津田静一らが『紫溟雑誌』を創刊するとその主筆となり、同誌が隔日新聞『紫溟新報』(のちに日刊)となってからも引続き主筆として健筆をふるった。『紫溟雑誌』『紫溟新報』は紫溟会から発行され、八八年に『九州日日新聞』と改題されている。また発行元の紫溟会は、明治十四年の政変の最中の一八八一年九月に結成され「皇室を翼戴し立憲政体を賛立し以て国権を拡張す」などを規約に掲げ、当初は民権派の相愛社関係者も参加したが、のちに離反した。八五年に紫溟学会に改組され、八九年一月には紫溟学会の世務部として熊本国権党が結成されている。

当時、一八九〇年七月の第一回帝国議会の衆議院選挙をひかえて政治的緊張が高まるなか、中西牛郎の関わった済々黌・神水義塾—『紫溟雑誌』—紫溟会・国権党は、国家主義者側の陣営にあって仏教とも密接な関係を有し、キリスト教者である徳富蘇峰らの大江義塾—相愛社・九州改進党の自由民権論者側と対立関係にあったようである。戦前戦後に熊本の地方文化の発展に尽くした荒木精之は、中西と徳富蘇峰の関係について次のようなエピソードを紹介している。

そのころ徳富蘇峰は大江村に大江義塾をひらいて、かたわら東肥新報などに自由民権論をふりまわしていた。かねてそれをにがにがしく思っておった彼(中西牛郎)は、ある日直接大江義塾に蘇峰をたずねて、「ルソオの民約論ちゅう本をおかしいいただきたい」といった。

「何をなさるのですか」

「貴公らがさかんに民約論バふりまわすので一ぺん読んでみて、それから貴公らを攻撃しようと思う」

「それはおもしろい」

と蘇峰も微笑んで快く貸してやったという話がのこっている。

その後中西は一八八九年二月に『宗教革命論』という書を出版し、そのなかで、近い将来に仏教は新たな変革を遂げることによって退勢を挽回し、キリスト教に代って宗教界を席巻するにちがいないという展望を述べた。この書は、本願寺派の法主大谷光尊（明如）の眼にとまり、中西は京都在学時代に親交があった赤松連城の呼び出しを受け、本願寺からの資金援助を受けて、海外視察に赴くこととなった。一八八九年六月に渡米した中西は、約半年間滞在して当地の宗教事情、比較宗教学の研究動向などを見聞した。翌九〇年一月に帰国した中西は、九月に『國教』の創刊に関わり、一〇月には本願寺派経営の文学寮に教頭兼教授として招かれ比較宗教学等の講義を担当した。そのかたわら、『組織仏教論』『宗教大勢論』『新仏教論』などを次々と上梓して精力的な著述活動を展開した。

二 雑誌発行意図と九州仏教団との関係

『國教』発刊の意図は、創刊号掲載の社説「國教発行之旨趣」とほぼ毎号に掲載された「國教雑誌社規約」によくあらわれている。まず「國教発行之旨趣」では、国教を「其人教なるが故に之を国教と謂ふなり。此国家に限るの宗教と謂ふにあらざるなり。其国家の独立生存を保持するの勢力あるが故に之を国教と謂ふなり」と定義づける。そして、こうした国教たる資格を有するものは仏教のほかにはないとして、次のように記している。

故に仏教の外に如何なる宗教あるも。其真理は以て仏教界中の真理たるに過ぎず仏教の外に如何なる学術あるも。其真理は亦以て仏教界中の真理たるに過ぎず。(中略)只天地を貫き万世に経りて変ぜざるものは仏教あるのみ。故に仏教の信仰に由りて人心一致すれば。其国家斯に富強治平の福祉を招き。其国民斯に独立不羈の気象を生し。四方万国に対し。長く以て優者勝者の地位を保つに足ること論を待たす。而して仏教は世界宗教の最高最大なる真理を具したるものなり。

諸宗教に対する仏教の絶対的優位性は、中西牛郎が前述の『宗教革命論』で強調したことである。また、諸宗教の説く真理はすべて仏教に包摂されるという見解も、中西がアメリカから帰国直後の一八九〇(明治二三)年五月に上梓した『組織仏教論』のなかに示されている。この『國教発行之旨趣』は中西の執筆によるものと考えられ、第一回帝国議会の衆議院議員選挙後に政治的・宗教的対立が深まる熊本にあって、キリスト教者・自由民権論者に対抗するため、仏教者・国家主義の立場を意識して書かれたものと考えられる。

ところで、仏教による国民統合の実現に向けては、宗派間の対立を超えた通仏教的結束の必要性を標榜しているのが「國教雑誌社規約」であり、その最初には次のように記されている。

一仏教拡張の初歩として雑誌社を組織し毎月一回雑誌を発行し正会員及ひ賛成員に頒布すべし。本誌は宗派に偏せず教会に党せず普く宗教界に独立して仏教の真理を開闡し仏徒の積弊を洗滌して之が改良を図る。

そして、こうした通仏教的結束の実動団体が九州仏教団であった。佐々木憲徳は『八淵蟠龍伝』のなかで、『國教』を法住教社の機関誌であったとしているが、そのようなことをうかがわせる記述を『國教』の誌面に見出すことはできない。法住教社は、一八八〇年五月に本願寺派の三業派僧俗により組織されたが、結社から『國教』創刊に至るま

— 10 —

での一〇年間に法住教社と九州真宗を取り巻く状況は大きく変化した。『國教』は、八淵蟠龍ら法住教社の関係者が中心的役割を担いつつも、その対抗関係にあった同じく本願寺派の開信派系の熊本酬恩社も協力し、さらに九州の仏教勢力を糾合して結成された九州仏教団の機関誌として刊行されたと考えるべきであろう。[13]

三 多彩な特別寄書家と諸団体の連携

『國教』は、熊本という一地方からの発行ではあったが、九州地方はもとより、当時の仏教界全体に大きな影響を与え、全国的にも知られた雑誌であった。その一端は、第一号と第二号（以下、号数は通号を記載）に掲載された次の多彩な特別寄書家の顔ぶれからも知ることができる。

井上円了（文学士）、池松豊記（海西日報主筆）、服部宇之吉（文学士）、堀内静宇（浄土教報主筆）、土岐善静、戸城伝七郎、大内青巒（尊王奉仏大同団幹事）、辰巳小次郎（文学士）、東海玄虎（仏教書院院主）、津田静一（文学館主）、南條文雄（文学博士）、中西牛郎、中村六蔵（文学精舎舎長）、中山理賢（法話主筆）、中川小十郎（教育報知主筆）、松山松太郎（海外仏教事情主筆）、藤島了穏（哲学館講師）、藤岡法真（酬恩社社長）、秋山銀二郎（九州之文華記者）、天野為之（文学士）、佐治実然、澤柳政太郎（哲学館講師）、三宅雄二郎（文学士）、平松理英、久松定弘（貴族院議員）、平井金三（オリエンタルホール館主）、鈴木券太郎（文学士）、岩堀知道（密厳教報主筆）、藤田祐真（大同新報）、小栗栖香頂（真宗大谷派一等学師）、神代洞通（開明新報）、辻敬之、前田慧雲（真宗問答著者）、朝比奈知泉（東京新報主筆）、志方熊記（九州日々新聞記者）、釋宗演（錫蘭島史著者）[14]

まず仏教関係者では、当時の仏教界をリードした僧侶・在家信者が宗派に関係なく名を連ねており、特に井上円了・

南條文雄・小栗栖香頂・中山理賢など大谷派の有力者が目立つ。本願寺派では、松山松太郎・神代洞通ら普通教校教員・海外宣教会の幹事が名を列ねており、國教雑誌社・九州仏教団と海外宣教会との密接な関係がうかがえる。また、堀内静宇（浄土宗）・岩堀知道（真言宗）ら当時活発であった各宗派の仏教系新聞雑誌の関係者が多い。『國教』一二号に八淵は「仏教の新聞雑誌を連合同盟するは教界の急務」との社説を発表しており、当時、仏教系諸団体・新聞雑誌の提携を目指す動きもあった。その中心的役割を担っていたのが、國教雑誌社とも関係の深い開明新報社であり、その成果は『日本仏教現勢史』にまとめられている。

大内青巒・井上円了・辰巳小次郎・佐治実然・前田慧雲・藤田祐真ら尊皇奉仏大同団の有力メンバーが多数参加していることも注目される。尊皇奉仏大同団は、『國教』創刊に先立つ一八八九（明治二二）年一月に結成され、その規則で「皇室ノ尊栄ヲ保護シ仏教ノ勢力ヲ拡張シテ以テ大日本帝国ノ元気ヲ充実セシムル」ことを目的に掲げ、政治・宗教教育・経済など多様な事業を展開するとしており、地元熊本できわめて近いものがあった。仏教関係者以外でも教育界・言論界で名を馳せた人物が数多く名前を連ねており、中央にあって全国的に知られた知識人も多い。地元熊本では、池松豊記・津田静一・中村六蔵・志方熊記ら熊本国権党に連なる保守系人物が多く名を連ねている。彼らは中西牛郎とも密接な関係があったが、八淵蟠龍とも懇意であったようであり、例えば、熊本市内で文学精舎という私立学校を経営していた中村六蔵は、創刊号に寄せた「國教ノ発刊ヲ祝ス」のなかで、「余ガ知人、八淵蟠龍氏等篤爰ニ大ニ感奮スル所アリ。國教雑誌ヲ発刊シ」と記している。

中川小十郎・天野為之・久松定弘・三宅雄二郎・朝比奈知泉ら中央の政界・言論界・教育界で活躍した人物は、中西牛郎の勧誘により参加したものと推察される。のちに東京帝国大学教授・ハーバード大学教授・東方文化学院院長などを歴任した服部宇之吉は、創刊号に一の仏教主義の雑誌を発刊せらる。中西君の仏教に於ける世上自から定論あり」と記している。当時『反省会雑誌』も中西牛郎を井上円了と並ぶ仏教界の「二大光星」と評しており、中西はすでに中央でも知られた人物であった。

総じて言えば、『國教』は、第一回帝国議会の衆議院議員選挙と国粋主義の台頭を背景として、特に自由民権と国家主義、キリスト教と仏教の対立が激化した熊本にあって、九州の仏教勢力と熊本保守系人脈が結びつき、これを中央の各界有力者も支援して発行されたと言えるであろう。

四　雑誌名変更とその後の展開

創刊後の『國教』は六号まで毎月二五日に刊行されており、当初の雑誌の発行事業は順調に推移したようである。三・四号掲載の「本社正社員姓名」(20)から熊本の僧俗が続々と加入したことがうかがえ、一八九一（明治二四）年六月下旬には正社員二千余名に達した。四号「特別社告」では好評につき一千余部を増刷し正社員外にも販売することが告知された。また、四号の巻末に本誌特約大売捌所として、熊本・佐賀・京都・大阪・神戸の書店等が記載されている。七号と八号の発行は隔月刊行となっているが、これは七号「社告」によれば、編輯者の病気が原因であり、編輯者は九号より吉村真治に変更されている。(21)

ところが、八号発行後の一八九一年七月に熊本県知事松平正直より「出版条例第二条但書範囲外ニ渉リ候ニ付客年九月九日許可ノ指令取消候旨其筋ヨリ達アリタルニ付此旨相達ス」(22)との指令を受けた。出版条例の当該条文は以下のとおりである。

　第二条　新聞紙又ハ時々ニ発行スル雑誌ヲ除クノ外文書図書ノ出版ハ総テ此条例ニ依ルヘシ但雑誌ニシテ専ラ学術技芸ニ関スル事項ヲ記載スルモノハ内務大臣ノ許可ヲ得テ此条例ニ依ルコトヲ得(23)

この条文から察するに、本来内務大臣の許可を得るべきところ、熊本県知事の許可を得て雑誌を発行していたことが問題とされたようである。國教雑誌社側は改めて『第二國教』として発行する旨を申請して許可を得たようであるが、一二号掲載の「特別社告」には、逓信省の郵送料の減免認可を得られず、月二回発行として二冊分を発送することにしたことが記されている。この時期に『國教』発行の許認可を改めて問題にし、郵送料の減免申請を不認可とした背景には、何らかの政治的な意図があったことも考えられるが、詳細は不明である。

ところで、上述のような事情から、通号九号から一四号までは『第二國教』として発行され、通号一六号から再び『國教』に雑誌名を復し、号数は『第二國教』からの通号とした。各号の雑誌名・発行年月日は以下のとおりである。

（通号　一号）　　　『國教』　第一号　一八九〇（明治二三）年　九月二五日発行
（通号　二号）　　　『國教』　第二号　一八九〇（明治二三）年一〇月二五日発行
（通号　三号）　　　『國教』　第三号　一八九〇（明治二三）年一一月二五日発行
（通号　四号）　　　『國教』　第四号　一八九〇（明治二三）年一二月二五日発行
（通号　五号）　　　『國教』　第五号　一八九一（明治二四）年　一月二五日発行
（通号　六号）　　　『國教』　第六号　一八九一（明治二四）年　二月二五日発行
（通号　七号）　　　『國教』　第七号　一八九一（明治二四）年　四月二五日発行
（通号　八号）　　　『國教』　第八号　一八九一（明治二四）年　六月二五日発行
（通号　九号）　　　『第二國教』第一号　一八九一（明治二四）年一〇月一〇日発行
（通号一〇号）　　　『第二國教』第二号　一八九一（明治二四）年一一月二〇日発行
（通号一一号）　　　『第二國教』第三号　一八九一（明治二四）年一二月一七日発行
（通号一二号）　　　『第二國教』第四号　一八九一（明治二四）年一二月三〇日発行
（通号一三号）　　　『第二國教』第五号　一八九二（明治二五）年　一月（発行日不明・未見）

『第二國教』

第六号　一八九二（明治二五）年　二月　五日発行

（通号一四号）第七号　一八九二（明治二五）年　二月二九日発行

（通号一五号）第八号　一八九二（明治二五）年　三月二五日発行

（通号一六号）

（通号一七～二〇号）『國教』第九～一二号　一八九二（明治二五）年（発行月日不明・未見）

（通号二一号）『國教』第一三号　一八九二（明治二五）年　八月一五日発行

（通号二二号）『國教』第一四号　一八九二（明治二五）年　八月三〇日発行

（通号二三号）『國教』第一五号　一八九二（明治二五）年　九月三〇日発行

（通号二四号）『國教』第一六号　一八九二（明治二五）年　一〇月一七日発行

（通号二五号）『國教』第一七号　一八九二（明治二五）年　一一月三〇日発行

（通号二六号）『國教』第一八号　一八九二（明治二五）年　一二月三〇日発行

（通号二七号）『國教』第一九号　一八九三（明治二六）年　一月一五日発行

（通号二八号）『國教』第二〇号　一八九三（明治二六）年　三月三〇日発行

（通号二九号）『國教』第二一号　一八九三（明治二六）年　四月三〇日発行

（通号三〇号）『國教』第二二号　一八九三（明治二六）年　五月三〇日発行

（通号三一号）『國教』第二三号　一八九三（明治二六）年　六月三〇日発行

（通号三二号）『國教』第二四号　一八九三（明治二六）年　八月　五日発行

（通号三三号）『國教』第二五号　一八九三（明治二六）年　八月三〇日発行

（通号三四号）『國教』第二六号　一八九三（明治二六）年　九月三〇日発行

（通号三五号）『國教』第二七号　一八九三（明治二六）年　一〇月三〇日発行

（通号三六号）『國教』第二八号　一八九三（明治二六）年　一二月　七日発行

（通号三七号）　『國教』　第二九号　一八九三（明治二六）年一二月三〇日発行

（通号三八号）　『國教』　第三〇号　一八九四（明治二七）年一二月二八日発行

（通号三九号）　『國教』　第三一号　一八九四（明治二七）年六月一一日発行

上記のうち、通号一三号と一七号から二〇号までは現物を確認できず欠本となっている。また、佐々木憲徳著『八淵蟠龍伝』には、三四号まで発行されていたとの説があると記されているが、現時点で三一号（通号三九号）までの存在しか確認できていない。

雑誌の前半期に目立つのはキリスト教批判である。「耶蘇教は之を排斥せざるべからず」（一〜三号）、「耶蘇教は父子倫を破壊する宗教なり」（三号）、「耶蘇教排斥論」（四号）、「耶仏の二教」（七号）、「宗教取捨弁」（八・九号）、「尾濃の戦に基督教奇兵を用て仏教の大群に敵す」（一〇号）、「基督教徒に謝し併せて其教の衰頽に就くを吊ふ」（一一号）、「耶蘇教と戦ふ可きは斯時に在り」（一六号）、「八代町基督教徒の暴逆事件に就て」（二二号）、「仏教如水耶蘇教如火」（二四号）など、毎号のようにキリスト教を意識した論説・寄書が掲載されている。

ところが、一八九二年一一月発行の二五号くらいから誌面にはやや変化がみられる。露骨なキリスト教批判は影をひそめ、シカゴ万国宗教大会と夏期講習会などの具体的事業に関する記事が多く掲載されるようになった。この間、四月には海外宣教会の松山松太郎が九州を訪れ、國教雑誌社との提携を模索したようである。また二一号の段階では編輯者が森直樹に変更されている。森直樹の経歴は詳らかではないが、一八九三年五月に國教雑誌社から刊行された「仏教対外論」の編者としても名が挙がっており、その序文「仏教対外論に題す」のなかで仏教の世界的運動の必要性を主張している。このほか、「森直樹」または「黙々居士」のペンネームで『國教』や『反省会雑誌』にいくつかの論説を発表している。おそらく森は、國教雑誌社の編集責任者として、同社内に九州仏教同盟会本部を設置して八淵蟠龍の万国宗教大会への派遣資金の募集に尽力し、八淵の渡米中は『國教』の編集発行の中心的役割を担ったと考えられる。広く熊本県下僧俗もこの募金に応じ、『國教』三四号・三七号附録に寄附者の氏名が報告されている。この万国宗教大会への派遣事業が國教雑誌社の最大かつ最後の関連事業となったようであり、八淵蟠龍の凱旋帰国を記念する一八九四年六月発行の三九号が現存を確認できる最後の号となっている。翌月には日清戦争が勃発しており、キリスト教との対立から通仏教的に結束する意義も薄れるなかで、おそらく三九号をもって廃刊になったと推察される。

五　雑誌『九州仏教軍』と『真仏教軍』

『國教』以外にも、当時の九州仏教勢力の結束により刊行された雑誌が数誌存在したようである。その一つが『九州仏教軍』である。『九州仏教軍』は、中西牛郎を主筆とし、九州仏教倶楽部の機関誌として一八九一(明治二四)年七月に創刊された。当時、中西牛郎が文学寮の教頭兼教授として京都に居を構え、そのもとに集まった九州出身者の親睦団体として組織されたのが九州仏教倶楽部であった。ところが、九州仏教団が内部分裂などにより次第に活動が停滞していくと、九州仏教倶楽部は、その事業を継承しようとする動きをみせ、前述の九州夏期講習会も同倶楽部の事業として開催された。この『九州仏教軍』は現時点で創刊号しか存在を確認できていない。さらに一八九二年七月に起こった文学寮改正事件で中西牛郎が失脚すると、九州仏教倶楽部の活動も停滞していったようである。

このほか、一八九二年四月頃には、福岡県御井郡金島村という雑誌が発行された。同誌は「仏教の真理を顕揚するにありて宗派と政党に関せず」を主義とし、中西牛郎が主筆をつとめていた。(31)

真仏教社は、御井郡金島村の本社以外に、福岡市博多土居町と久留米市寺町にも支社を置いていた。九州仏教団と連携する仏教者は福岡県下にも一定の勢力を有していたことがうかがえる。『真仏教軍』誌上には、主筆の中西牛郎のほか、島地黙雷・赤松連城・大洲鉄然・小栗栖香頂・江村秀山ら、本願寺派・大谷派の有力者の論考が掲載された。慶應義塾大学附属斯道文庫に所蔵されており、そこから上述のことが把握できる。しかし、それ以外の号の存在は確認できていない。今後の資料発掘が望まれる。おそらく、この雑誌も一八九三年九月発行の一八号以後、ほどなく廃刊されたと考えられる。一八九〇年七月の第一回帝国議会の衆議院選挙による政治的対立に、仏教・キリスト教の勢力争いがからんで、熊本を中心に九州地方では広く通仏教的結束が高揚した。しかし、一八九四年に日清戦争の勃発により、こうした対立構図が崩れると、一挙にその通仏教的結束は終息に向かっていったと考えられる。

〔註〕

(1) 『國教』の発行兼印刷人は、通号九号（『第二國教』一号）から志垣弘に変更されている。同誌通号二七号巻末の新年の挨拶で、篠方典の肩書が「福岡県三池郡大牟田町熊本監獄支署在勤」と記されていることから、教誨師として職務のため自坊を離れ、発行兼印刷人も変更になったのかもしれない。『國教』の奥書によれば、その後、國教雑誌社の所在地は同じ町内に移転しているが、詳しい事情は不明である。なお、本論中の『國教』の号数は、すべて通号記載を原則とした。

(2) 佐々木憲徳著『八淵蟠龍伝―明治教界の大伝道者―』（三五頁、百華苑、一九六八年）。『國教』誌上でも、二七号巻末の新年の挨拶や三四号巻頭の広告などで「社主八淵蟠龍」と記載されている。

(3) 『國教』三号の社説の冒頭で、中西牛郎が「本社の社説は余が担当に係るを以て」と記していることから、初期には中西牛郎が主筆として社説を担当したと考えられる。一号から六号までの社説には執筆者名が明記されておらず、七号に島地黙雷、八号に八淵蟠龍の氏名が記載され、その後、草野本誓・中西牛郎・八淵蟠龍・森直樹らが執筆しており、

(4) 八淵蟠龍の経歴は、前掲『八淵蟠龍伝―明治教界の大伝道者―』のほか、常光浩然著『日本仏教渡米史』（三六四～三六八頁、仏教出版局、一九六四年。のちに中西直樹編『仏教海外開教史資料集成（北米編）』第五巻所収、不二出版、二〇〇九年）を参照。

(5) 中西牛郎の経歴については、荒木精之著『熊本県人物誌』（三八九～三九二頁、日本談義社、一九五九年）、角田政治著『肥後人名辞書』（一二一頁、肥後地歴叢書刊行会、一九三六年）、中西自身の著書『神の実現としての天理教』の序（平凡社、一九二九年）、「新仏教論の目的を明にす」（『反省会雑誌』七年二号、一八九二年二月）などによった。

(6) 紫溟会・熊本国権党については、上村希美雄著「熊本国権党の成立」（『近代熊本』一七号、熊本近代史研究会、一九七五年九月）、能田益貴編『梅溪津田先生伝纂』（津田静一先生二十五回忌追悼会、一九三三年）を参照。

(7) 『國教』三号掲載の「日刊新聞発行の計画」には、九州仏教団の機関新聞の発行に頭山満（熊本国権党首）が資金を拠出することが記されている。この計画は実現しなかったが、九州仏教団と熊本国権党との密接な関係があったことがうかがえる。津田静一も「夫れ我国従来の宗教は、神道仏教の二道にして（中略）共に我国に鴻益を与ふるものして、吾党飽くまで維持せんと欲する所のものなり」と述べ、「外教撲滅」を主張している（前掲『梅溪津田先生伝纂』一六六頁）。

(8) 前掲『熊本県人物誌』。このエピソードは、荒木精之著『熊本人物鉱脈』（一三八～一四〇頁、熊本日々新聞社、一九六三年）にも記されている。

(9) 中西の米国視察期間は、「中西牛郎氏」（『反省会雑誌』五年二号、一八九〇年二月）の記事より知れる。また中西が文学寮教頭兼教授に採用されたことは、「中西牛郎氏」（『反省会雑誌』五年一〇号、一八九〇年一〇月）の記事より判る。

(10) 中西牛郎著『組織仏教論』（敬虔社、一八九〇年）。この点は、中西直樹著「日本ユニテリアン協会の試みと挫折―宗教的寛容と雑居性との狭間のなかで―」（『龍谷史壇』一二四号、二〇〇〇年三月）のなかで、かつて論じた。

(11) 前掲『八淵蟠龍伝―明治教界の大伝道者―』三五頁。

(12) 磨墨功洞編『法住教団百年史―能化の水は涸れず―』（法住教団、二〇〇九年）を参照。

(13) この点は、中西直樹・吉永進一著『仏教国際ネットワークの源流―海外宣教会（一八八八年～一八九三年）の光と影―』（三人社、二〇一五年）のなかで論じた。

第三章

(14)『國教』二八号によれば、その後、杉浦重剛(東京文学院教頭・日本中学校長)・西松二郎(理学士)・菅虎雄(文学士)・今井常郎(東京文学院講師)の四名が特別寄書家に加えられている。

(15)この点に関しては、別稿で詳しく論じた(前掲『仏教国際ネットワークの源流─海外宣教会(一八八八年〜一八九三年)の光と影─』第一章)。

(16)月輪正遵編兼発行『日本仏教現勢史』(一八九二年)。全国の仏教系諸団体・新聞雑誌の現況掲載を懇請する広告は、『海外仏教事情』二三集(一八九一年八月)などに掲載されている。

(17)大内青巒著『尊皇奉仏論』(尊皇奉仏大同団事務取扱所、一八八九年)。

(18)中村六蔵の経歴は、高橋義夫著『幻の明治維新─やさしき志士の群─』(創世社、一九七七年)に詳しく紹介されている。

(19)化堂(菊池謙譲)著「著述家として井上中西二氏、宗教大勢論を評す」(『反省会雑誌』六年三号、一八九一年三月)。

(20)『國教』九号(『第二國教』一号、一八九一年一〇月)所載の「第二國教発刊に就て」)。

(21)『國教』九号掲載「社告」によれば、吉村真治は一八九〇年八月より國教雑誌社で『第二國教』の編集を担当することになった。しかし、一一号掲載「社告」によれば、九一年一二月に吉村はいったん退社し、引き続き客員として編集に従事したようである。なお吉村は、一八九九年七月に京都で『僧侶政権論』という僧侶への参政権付与を求めた冊子を出版している。吉村は『國教』に数編の評論を発表しているが、六号の無名生「僧侶被撰挙権の請願に就て」も吉村の執筆によるかもしれない。

(22)註(16)参照。

(23)『明治二十年法令全書』上巻、一二四五頁(内閣官報局)。

(24)前掲『八淵蟠龍伝─明治教界の大伝道者─』四一頁。

(25)万国宗教会議と夏期講習会については、すでに前掲『仏教国際ネットワークの源流─海外宣教会(一八八八年〜一八九三年)の光と影─』第三章のなかで論じた。

(26)この点についても、前掲『仏教国際ネットワークの源流─海外宣教会(一八八八年〜一八九三年)の光と影─』第一章のなかで論じた。

(27)森直樹編『仏教対外論』及び『國教』(國教雑誌社、一八九三年)。

(28)『反省会雑誌』に森直樹または黙々居士の名で掲載された論説は以下のとおりである。

京都　森直樹「血涙を揮つて満天下の仏教徒に訴ふ」『反省会雑誌』第六年六号、一八九一年六月）

黙々居士「中西氏の新仏教論将さに出てん」『反省会雑誌』第六年七号、一八九一年七月）

鎮西東肥生　森直樹「印度仏陀伽耶回復に就ひて日本全国の仏教徒に檄す」『反省会雑誌』第六年八号、一八九一年八月）

黙々居士「我国宗教上に於ける九州の形勢を論ず」『反省会雑誌』第六年一〇号、一八九一年一〇月）

森直樹「我国宗教上に於ける九州の形勢を論ず（承前）」『國教』一四号、一八九二年二月）

森直樹「井上円了氏と中西牛郎氏を対照論評す」『國教』一五・一六号、一八九二年二・三月）

森直樹「我国宗教上に於ける九州の形勢を論ず（承前）」『國教』二一号、一八九二年八月）

黙々居士「儀式習慣の宗教に関する効力」『國教』二三号、一八九二年九月）

森直樹「印度仏陀伽耶回復に就て九州仏教徒に檄す」『國教』二五号、一八九二年一一月）

黙々居士「明治二十五年の歳晩に臨み満腔の感慨を迸洩す」『國教』二六号、一八九二年一二月）

森直樹「印度仏陀伽耶回復に就て九州仏教徒に檄す（接続）」『國教』二六号、一八九二年一二月）

森直樹「印度仏陀伽耶回復に就て九州仏教徒に檄す（接続）」『國教』二七号、一八九三年一月）

黙々居士「日本仏教の運動と四囲境遇の変遷」『國教』二九号、一八九三年四月）

黙々居士「日本仏教徒と世界的観念」『國教』三〇号、一八九三年五月）

森直樹「九州仏教徒の夏期講習会」『國教』三三号、一八九三年八月）

森直樹「亡友清水吉太郎を哭す」『國教』三四号、一八九三年九月）

森直樹「明治二十六年の仏界を回顧す」『國教』三七号、一八九三年一二月）

森直樹「万国宗教大会凱旋者八淵蟠龍師を歓迎す」『國教』三九号、一八九四年六月）

上記の内、「我国宗教上に於ける九州の形勢を論ず」が森直樹と黙々居士の名で、『反省会雑誌』と『國教』の両誌に掲載されていることから、両者が同一人物であることが知れる。

また上記の論説から類推するに、森は当初京都にあって中西牛郎の強い影響を受け、その後、帰熊して『國教』の編集に従事したと考えられる。前掲『仏教対外論』の奥書で、森の住所は熊本県玉名郡石貫村と記されている。

(29) 九州仏教倶楽部のことについても、すでに前掲『仏教国際ネットワークの源流―海外宣教会（一八八八年〜一八九三年）の光と影―』第三章のなかで論じた。

(30) 文学寮改正事件に関しては、本書所収の「明治期仏教教団の在家者教育の一齣──一八九二年「文学寮改正事件」と中西牛郎──」を参照。
(31) 『海外仏教事情』二八号（一八九二年九月）巻末の広告による。
(32) 慶應義塾大学附属斯道文庫の所蔵雑誌は、一九三三年設立の「明治仏教編纂所」より寄託されたものである。
(33) 日清戦争後の宗教界の動向に関しては、中西直樹「日清戦争後宗教の動向──戦後世論と宗教家懇談会をめぐって──」（『佛教史研究』三四号、一九九八年四月）を参照。

〈付記〉本資料集の編集に関わる調査・研究活動は、二〇一四年度〜二〇一六年度の龍谷大学仏教文化研究所の常設研究「明治期仏教雑誌の研究」（代表・赤松徹眞）による補助金を得て行われたものである。
なお本論は、『龍谷大学仏教文化研究所紀要』五四集（二〇一六年三月）掲載論文の再録であるが、その後に未見の『國教』誌を入手し、前論での発行号数カウントなどで事実誤認が判明したため、大幅に修正した。

明治期仏教教団の在家者教育の一齣
――一八九二年「文学寮改正事件」と中西牛郎――

中西　直樹

はじめに

　戦前における仏教教団の教育事業は、おおむね僧侶養成を中心として実施されてきた。しかし、明治前・中期に限って言えば、僧侶・寺院子弟以外の在家者を対象とする教育事業が広範囲に存在していた。とりわけ一八八〇年代後半には、仏教系女学校の設立がはじまり、初等教育の領域では貧児を対象とする小学簡易科が全国各地に設置されている(1)。中高等教育では、教団が直接関与したもの以外は資料が少なく短期間で閉鎖されているため、その実態の全貌を解明することは困難であるが、後述するように相当数の教育機関が設立されていたと推察される(2)。
　これら仏教者による教育機関の設立事業は、学校教育を通じたキリスト教の教勢拡大と、松方デフレ政策以降の地方財政の逼迫による公立教育機関の衰退という時代状況のなかで行われた。しかし教団側には、キリスト教に対抗し時流に即応しようとする意識はあっても、仏教主義にもとづく教育理念を構築していこうとする明確な意図があったわけでなく、一八九〇年代に入ると、そのほとんどが姿を消している。こうしたなかにあって、浄土真宗本願寺派（西本願寺教団）設立の普通教校は、その後も文学寮、仏教高等中学校、高輪仏教大学などに改組されて存続した数少ない事例である。また、在家者の教育的欲求に対応しようとする方向性を示したことにより、必然的に在家者の位置づけをめぐる教団改革論とも密接に関わって、いわゆる「開明派」と「守旧派」の反目・対立の舞台ともなった。

すでに先行研究として、発足当時の普通教校の在家者教育の性質に関する谷川穣の論考があり、普通教校の伝統を継ぐ高輪仏教大学の廃止（一九〇四年）に関しても数編の論文が存在する。これらの点に関しては、『本願寺史』第三巻（一九八四年刊）や、『龍谷大学三百年史』（一九三九年刊）、『龍谷大学三百五十年史』通史編上巻（二〇〇〇年刊）などでも詳しく取り上げられている。一方、普通教校開設より高輪仏教大学廃止に至る約二〇年間にわたって開明・守旧両派の対立する事件があったことが確認できる。これら事件については、資料も少なく論及したものはほとんど存在しないが、明治以降の教団組織を論ずる上でも、日本近代教育史を研究する上でも大きな歴史的意義を有していると考えられる。

本論では、まず一八八〇年代後半に活発化した仏教教団による中高等教育事業への取組みを整理し、その上で、それらの事業が衰退に向かうなか、一八九二年に起こった「文学寮改正事件」を取り上げる。この事件に関わって中西牛郎の文学寮構想と教団の改革構想は破綻していったが、それは同時に中西を理論的指導者に仰ぐ九州真宗の通仏教的結束にも大きな打撃を与えた。本論では、この事件の検証を通じて、明治仏教教団の在家者教育の歴史的意義とその課題を検討するとともに、あわせて九州真宗の通仏教的結束の挫折の背景の一端を明らかにしていきたい。

一 仏教各宗派による高等教育の胎動

一八八四（明治一七）年八月に教導職廃止が公表された。それ以前、仏教僧侶は教導職となることによって、説教と死者埋葬を行う特権を付与されていたが、キリスト教が黙許されている状況下で、キリスト教の布教活動は活発化しつつあった。わずかに死者埋葬については、キリスト教式によって執行され、他より告発を受けた場合は、罰せら

— 24 —

れる事例があったようである。このため教導職自体はすでに有名無実化していたとはいえ、その廃止によって仏教教団側は名目上の特権を失い、直接にキリスト教と対峙せざるを得ない状況に追い込まれていった。また同時に明治以降に設立された「教校」「学林」「檀林」といった教導職養成学校も公的な存立意義を喪失し、官立学校やキリスト教主義学校等との「競争的環境」にさらされていった。

こうした状況にいち早く対応したのが浄土真宗本願寺派である。同派では八四年九月二三日に「奨学条例」を改正、「普通教校は博く宗乗余乗及び諸学科を授けるところとす」（第五条）「普通教校は緇素を問はず渾て入校を許す」（第六条）と規定した。そしてこの規定に基づき、翌年四月に普通教校の開校式が挙行された。

この普通教校の開設には、同派の明如法主の意向が強く作用していたようであり、明如は、同じ頃さらに仏教各派と共同で「日本宗教大学校」という学校の設立構想を抱いていた。この計画は設置場所をめぐる意見の対立もあって実現しなかったが、その後も設置計画は各宗派の共同事業として継承され、八九年二月には京都川端三条の法林寺に「仏教大学創立事務所」が設置された。しかし各宗派の間で意見が対立して計画が頓挫し、九〇年になると、京都でオリエンタルホールという私塾を開いていた平井金三に事業が引き継がれた。平井は同年一月に「帝国仏教大学」の設立計画を発表して資金の募集に着手、八月には京都寺町の大雲院に各宗管長等を招き設立に向けての協議を行った。この設置計画には、北垣京都府知事も賛同の意向を示し、九月には滋賀県彦根でも設立に向けた懇話会が開催されている。しかし、各宗派の足並みを揃えることは容易でなく学校設置には至らなかったようである。このように実現しなかったものの、この時期に京都で各宗派共同の仏教大学設置に向けた動きが活発化した背景には、新島襄による「同志社大学設立旨意」の発表（八八年）とその設立運動の本格化があったと考えられる。

一方、東京では、僧侶を対象とする仏教学専門の高等教育機関ではなく、一般在家信者にも開かれた学校を設立しようという動きが起こり、八七年に各宗共同による「私立高等普通学校」が開校した。設立に向けた気運は、八六年頃から高まりを見せていた。同年九月、在東京丹羽月渓は「諸宗連合して一大学林の設置を望む」という一文を『明教新誌』に寄稿し、キリスト教に対抗するために各宗派共同により学校を設立することを求めた。また同紙は、同年一二月一〇日にフランス留学中の藤島了穏の教育意見を伝えている。そこでは、フランスのキリスト教設立の普通学校が本願寺派普通教校の三倍にも及ぶ規模であることを踏まえ、全国の仏教寺院七万箇寺が一箇月に一銭ずつ拠出して普通学校または師範学校を設立することを提案している。さらに同紙は、同月二六日にキリスト教が学校設立を通じて教勢を拡大しつつあるのに対し、仏教側に一般在家者を対象とした学校のないことを仏教社会の一大欠点であると論じ、藤島の意見に賛同する投書も掲載した。

こうした世論を受け、翌八七年一月『明教新誌』は「興学私案」と題する社説を掲載した。この社説では、各宗派の僧侶養成学校に付設されている普通学校が尋常中学校程度であるのに対し、八六年制定「中学校令」の高等中学校に相当する学校を設置すべきことが主張されている。各宗派共同経営とすることで経営基盤を強化して内容の充実を図り、徴兵猶予等の特典も受け、在家者の入学も許し仏縁を結ばせることが企図されていた。この計画を推進したのは、『明教新誌』の実質的な経営者であった大内青巒と考えられ、「私立高等普通学校」として設置された後も、大内は同校幹事として直接の学校経営を担当している。この「興学私案」の発表と前後して、村田寂順(天台宗妙法院門跡)・瀧谷琢宗(曹洞宗永平寺住職)・日野霊瑞(浄土宗増上寺住職)・新居日薩(日蓮宗本門寺住職)の四名が発起人となって設立計画の説明書が作成され、同月下旬には各宗派本山に発送された。

同年八月に東京府知事より認可を受け、『明教新誌』に私立高等普通学校の学校規則が公表された。それによれば、第一条で「本校は仏教各宗派協同して創建する所なり」と規定されているが、教育の理念については特段記されていない。入学資格については「男子は何人に限らず皆入校を許すことを得」(第四条)とし、僧侶やその子弟、僧侶になる予定の者などに限定されていない。教育課程は八年制で高等中学校に準拠した内容となっており、仏教関係の科目に関しては、第五条に「本校は高校にして完全なる普通学を修めしめ又簡易に仏教哲学を修めしむ」と規定されている。仏教哲学の講義は、別科の随意科目として履修することになっていたが、「科目課程時間等を予定せず時々其講本及時間等を掲示す」（第一三条）とされ、教育内容は未確定のままスタートしたようである。校舎は曹洞宗長谷寺の所有地である麻布笄町に新築されることとなり、九月二一日から長谷寺本堂を仮校舎に授業が始まった。経営費は寺院数に応じて各宗派が分担金を拠出することになっていたが、一二二宗三〇余派の内、不参加を表明する宗派が三派、無回答が五派あり、分担金を拠出しない旨を通報してきた宗派もあった。結局、曹洞宗の拠出金四万円、日蓮宗の拠出金二万四千円、天台宗拠出金一万円の計七万四千円を学校資金として発足した。翌八八年には新校舎が落成し、一月八日に多数の来賓を集めて開校式が挙行された。しかし、開校当初の生徒数は三〇名程に過ぎず、わずか三年で閉校している。通仏教主義的な教育理念・内容を各宗合意の下に構築することは困難な作業であったと推察されるが、その志向性を欠いたまま、キリスト教への対抗意識のみで結束にすることには無理があったといえよう。

二　仏教者による中高等教育事業の広がり

　当時、地方でもキリスト教諸学校が各地で設置されていた。地方の保守勢力にとって、キリスト教の勢力拡大は時代の変化と地域共同体の解体を象徴するものであり、これへの危機意識を抱いた人々により仏教への期待は高まりつつあった。寺院僧侶を中核として女子教育や慈善事業を通じて伝統的な在地勢力の結集を目指す動きが加速化するなかで、寺院僧侶による中高等教育事業への参画や僧侶養成学校への在家者の受け入れが広がっていった。

　こうした事情から、在家者も対象とし普通学を教授する学校を僧侶養成学校に付設するケースが数多くあったようである。例えば、一八八七（明治二〇）年八月、東京駒込吉祥寺内の栴檀学林では「附属栴檀学舎」が設置され「緇素有志者の入校を許し」洋漢数の三教科のほか仏典の講義もなされた。同年一〇月頃、仙台の曹洞宗専門支校では宮城盲目院を同校附属とし「普通教校」に改組し、その仮規則で「当校は緇素を問はす年の少長に論なく世間有志者の

— 27 —

為めに専ら仏教の初歩を教授する所とす」と規定した。僧侶養成学校に在家者が在学する事例も広く見られた。八八年三月、奈良県吉野郡の本願寺派の私立教校「芳山教校」では従来から縮素の入学を許し普通学を教授してきたが、更に英語教授を加え「真利教校」と改称した。同年群馬県北甘楽郡では黄檗宗不動寺に「普済教校」が設立され、仏教学のほか和漢洋算術演説体操等の科目を置き「縮素を選ばず入学を許す」との規則を定めた。また九〇年頃、千葉県安房の真言宗新義派寺院連合の安房中学林でも在家出身者若干名が通学していた。

地元の有力者と協力して新たな学校を設置する動きもあった。八七年七月、愛媛県宇和島では廃校になった尋常中学校の経営を地元僧侶が引き受け教科に仏教学を加える計画があった。同年一一月頃、神戸では曹洞宗僧侶らにより西柳原町福昌寺境内に「般若林学校」が設置され、英語・漢学・和学・簿記等の高等教育が施された。九〇年二月には山梨県の日蓮宗僧侶が県会議員等の賛同を得て、高等小学校学科の予科と尋常中学校の本科を置く「山梨普通学校」が設立された。同じ頃、日蓮宗信徒清浄結社は東京小石川に有徳館という高等学校を経営していた。九二年七月には、熊本市新桶屋町の本願寺派説教所に市内在家信者と地元僧侶が協力して「訪導学館」が開館した。真宗教学講究の専門学校であり、本願寺派の名和宗瀛を館長に招聘した。

仏教者の中高等教育への参画を後押ししたのは、キリスト教に対する保守勢力の危機意識に加えて、地方財政の逼迫による公立中等教育機関の衰退という事情もあった。八六年四月一〇日に公布された「中学校令」は、中学校を尋常と高等の二種とし、地方税の支弁することができる尋常中学校を各府県一校に限定し、また同日公布された区町村費による尋常中学校の設置を禁止した。これは松方デフレ以降の地方財政の逼迫に対応したものであり、官立府県立と同様の待遇を受けることができる旨を規定し、民間資金の導入を積極的に奨励していく方策が示された。

この方策に呼応したのが、真宗大谷派であった。同派では、八六年七月に教団の僧侶養成の最高学府である大学寮のなかに「兼学部」という尋常中学に準拠する教育機関を付設したが、さらに「諸学校通則」の規定にもとづき「京

— 28 —

都府尋常中学校」の経営を府より委託されることとなり、八八年四月に開業式を挙行した。式に臨席した北垣京都府知事は演説し、欧米や日本でキリスト教主義の学校が多く存在するなかで、大谷派が日本在来の宗教として初めて公教育に本格的参画を果たしたことを高く評価するとともに、本校の将来への期待を表明している。同年一〇月石川県でも、大谷派と石川県の共同経営による「共立尋常中学校」が創設された。石川県では第四高等中学校の設置費用が県財政を圧迫していたため、大谷派の協力を得て、同派の僧侶養成学校「加賀教校」を尋常中学校に改組して共同経営することになった。

また地方財政の逼迫は、医学教育の面にも大きな打撃を与えた。政府は八八年以降、府県立医学校に地方税の交付を禁じ、このため多くの府県立医学校は閉鎖に追い込まれた。そうしたなか存続した愛知県立の医学校は九一年に経営難に陥り、真宗三派(本願寺派・大谷派・高田派)に経営を移譲する計画が浮上した。しかしこの計画は、世論や学生等の反対運動により撤回されている。

これら仏教者の教育事業の参画は、地域の人々の教育的要望に対応するものであったには違いないが、やはり仏教的かつ主体的な教育理念を見出すことのできるものはほとんど存在しない。

三 仏教教育事業の衰退と普通教校のその後

一八八〇年代後半、仏教教団の中高等教育事業は広がりを見せつつあったが、早くも一八九〇(明治二三)年を境として一挙に衰退に向かっていった。背景には、同年発布の教育勅語による国権主義的教育思潮の台頭と地方の公立尋常中学の普及、キリスト教諸学校の衰退などが考えられる。こうした状況下で、主体的かつ明確な教育理念を有さず、キリスト教への対抗意識と保守勢力・行政の要請に支えられてきた事業が衰退に向かうのは当然のことであった。前述の東京麻布の高等普通学校も九〇年八月末をもって閉校となり、同じ頃、新島襄の死去もあって同志社大学の設立運動が停滞すると、京都の仏教大学設置運動も終息していった。地方でも九一年以降は在家者対象の教育機関や普通学校の設置報道が影を潜めるようになり、地方行政との協力で設置された京都府と石川県の尋常中学校も九三年に大谷派の経営を離れていった。

こうしたなか、浄土真宗本願寺派設立の普通教校を取り巻く状況も大きく変化していったが、その後も「文学寮」と改組されて存続した。普通教校では、八五年の開校後間もなく、その校風は「すごぶる進取的」であったと言われている。しかし、谷川穣も指摘するように、在家者の受け入れについては教団内に多様な意見が存在した。在家者の入学を許可したのも、広く信徒に教育の機会を与えていくことよりも、俊秀な信徒子弟を僧侶に仕立てて教団内に取り込むという目的に主眼が置かれていた。つまり、普通教校にあっても、在家者に対する仏教教育の理念構築への志向性を欠くという点では、他の教育事業と同様であったと言えるであろう。

ところが開校すると、仏教者の中高等教育事業参画への期待が高まる当時の風潮のなかで、在家信者にも教育の機会を提供する場として順調な発展を遂げていった。八七年一月当時、仏教学・真宗学を専門とする大教校の生徒数が一二五名であったのに対し、普通教校の生徒数は二九八名を数えた。さらに普通教校の開校直後の八五年六月には、在家者によって組織された弘教講の関係者らにより「顕道学校」が西本願寺門前に開校し、同じ頃に一九五名の生徒を擁していた。この顕道学校は、八九年一一月に西本願寺当局の要請を受け、文学寮に吸収合併され廃校となったが、その生徒のほとんどが在家出身者であり、こうした学校の存在から、在家信者の仏教主義教育への欲求の高まりを見て取ることができる。

このような状況を受け、普通教校の校舎を新築し更に充実・拡張を図るべきであるという議論が起こり、八八年五月にはその建設用地が購入された。これに対し、普通教校の拡張を問題視する保守派勢力の運動も活発化したようである。その結果、同年一〇月に大学林令が発布され、普通教校は「文学寮」と改称、大教校から名を改めた「考究院」

「内学院」とともに「大学林」に包括されることとなり、新校舎の建設も中止された。当時の執行長大洲鉄然は、こうした措置を採った理由を「近来二種の教校に於て生徒を教育するに生徒の気風自ら二課に分れ、一致団結の力に乏しく之を改めず以て歳月を送らば派内に両党対立し、容易に解く可からざるに至らん」と説明している。開校後三年にして早くも、普通教校をめぐる「開明派」と「守旧派」の対立が表面化したのであった。

結局、この合併措置により両者の融和的団結は実現せず、却って対立を深めることとなり、九月に校舎の新築工事が再開された。九一年七月には文学寮規則が発布され、文学寮は大学林から分離されることとなり、翌九二年四月に文学寮新校舎が落成し、二八日に慶讃会が行われた。同様の仏教系諸学校が次々に廃校に追い込まれていった時期に、いったん僧侶養成学校に合併した文学寮を独立させた措置は異例のことであったと言うべきであろう。この文学寮の独立を強力に後押ししたのは、明如法主であったと考えられる。明如は文学寮の新築慶讃会で、次のように述べている。

本寮は他の内学専修の校舎とは事異り広く縉紳の子弟を入学せしめ普く内外諸科の学を兼修せしむる処なれば向後本寮の奨励宜しきに適ひ教育方を得るに於ては他日内守外護両種の人材を造出して菅に扶宗の実効を揚げ得るのみならず護国の実蹟をも奏することを得へし

ここで明如は、文学寮の独自性を強調し、広く在家者を受け入れて教団内外から教団の活動を支える人材を育成したいと述べている。これに対し、末寺を代表して水原慈音・菊池浄諦・合志諦成が述べた祝辞は以下のようなものであった。

明治十七年普通教育の制度を定め別に校舎を設け当時一切の経費は猊下自ら之れを支弁し門下の子弟をして内学

に入るの階梯を踏ましめ玉ふ是則ち一は輓近僧侶の子弟外学に趨つて終に其の本を忘るゝの弊を矯んが為一は時勢に応じて本宗教育の施設を新にし益々大法の普及を計画し玉ふ深重の悲懐に出づる者にして我輩末徒たるもの豈に感涙奮興せざるべけんや[50]

末寺総代は、文学寮を僧侶子弟が時流に取り残されないようにする配慮から設置されたものと理解しているのであり、明如の認識とはニュアンスの違いをうかがい知ることができる。そして、この認識の違いを背景として、三箇月後の九二年七月に文学寮改正事件が起こったのである。

四　文学寮改正事件の概要と経緯

仏教系諸学校の多くが衰退に向かうなか、本願寺派設立の文学寮は再び独立校として新たな展開への兆しを見せつつあったが、その矢先の一八九二（明治二五）年七月に起こったのが文学寮改正事件であった。まず、教団側の刊行した文献を元に、文学寮改正事件の概要を整理しよう。

『明如上人伝』（一九二七年刊）には、九二年七月新校舎への学生移転に先立って学寮風儀改正のため寮長以下全教職員が解職となり、生徒はいったん帰国させ、翌月に「文学寮改正の要旨」が発表されたことが記されている。その内容とは次のようなものであった。

第一　本寮生徒たる者は仏恩を念報し、自利々他の旨趣を服膺するを要す。故に世間普通の学生と異にして常に思想行為を高潔にすべし。

第二　本寮生徒の眼目は既に仏恩を念報にあるを以て、其智識を淬励するに当りても帰着する処は報国扶宗に存することを弁知せざるべからず。

第三　智徳を磨励するには精神鞏固ならざるべからず。精神の鞏固は実に身体の健康に存するものなれば、本寮生徒たる者は衣食住を慎み、身体の健康を計るを要す。

第四　本寮生徒たる特種の品格を具備するには先づ其根柢を固ふせざるべからず。即ち信義を重じ、温和謙遜の風儀を守らざるべからず。故に能く上下の分を守り、本寮の職員教員に対しては勿論、生徒相互の間に於いても厳粛に敬礼を行ふを要す。

第五　秩序を重ずべきは本寮生徒の特色中の一要点たることは上に示すが如し、故に能く師長の訓誡に服従し、本寮の規則を謹守せざるべからず。

第六　秩序を保持せんには一定の制服を着用し、儀容を正しくせざるべからず。是本寮に服制の設けある所以なれば、本寮生徒たる者能く其制度を確守せざるべからず。

第七　本寮生徒の主眼は徳義を涵養し、智識を淬励し、他日報国扶宗の実を挙ぐるの素を成すに在り。故に其在学中は寸陰を惜しみて孜々汲々勉励せざるべからず。今学生として新聞及び雑誌の編輯に従事するが如きは光陰を浪費するの甚き者なり。故に本寮生徒たる者には一切此種の事業に関係するを許さず。

第八　本寮入学者は真宗僧侶及其信徒の子弟に限る。故に本寮生徒たらんと欲する者は先づ奉仏の誠意を表彰せざるべからず。即ち僧侶たらんと欲する者は入学の際必ず得度式を受け、其余は一般に帰敬式を受くるを要す。但し已に学籍に在る者は帰寮の後之を実行する者とす。

第九　学科課程中多少改正する処あり、細則に就て之を見るべし。[51]

『本願寺史』第三巻では、この「文学寮改正の要旨」の第七で新聞雑誌編集への学生の関与が禁止され、第八で入学に際して得度式・帰敬式の受式が義務づけられたことを重視し、改正の要旨を「普通教校以来の進取的積極的な気風を抑止しようとしたもの」と論評している。また『龍谷大学三百年史』では、事件後のカリキュラムにおいて、比較宗教学・経済学・政治学などの科目が廃止、国語漢文・英語の時間数が減少し、仏教学・真宗学の時間数が大幅に増加したことにも論及している[52]。

これらの記述から改正事件によって、文学寮がその在家者への門戸開放・普通学の重視といった基本路線に大きな方向転換を余儀なくされたことを知ることができる。もちろん、同様の仏教系諸学校の多くが廃止されていった時代状況が文学寮にも波及したとも考えられるが、専用の新築校舎を建設した直後であったことや、新築慶讃会での先述の明如の発言を考慮に入れると、唐突な方向転換であったとの印象はぬぐいきれない。

それでは一体、この文学寮改正事件が起こった背景には、いかなる教団の事情があったのであろうか。この間のことに関して、上述の教団編集の資料には余り詳しくふれられていない。そこで、『明教新誌』と『國教』の記事をもとに事件の経過を確認していきたい。まず九二年六月二八日付『明教新誌』は、「本願寺文学寮の紛議」と題し、文学寮の弊害の是正を要求した学生が退校処分になったことを報道している。同時に、その学生の要求を先導したのが文学寮の教頭中西牛郎との噂があるとも書いている。次に、七月八日付の「宗教公論と文学寮」には、『宗教公論』という雑誌が、文学寮の内紛を詳しく報道したことが記載されている。この『宗教公論』の当該掲載号を所蔵している機関は現在ないようであるが、この間の経緯を少し報じているのが『國教』である。それによれば、四月下旬の寮教員湊源平の諭旨免職に端を発し、予科一年の寮長更迭辞職勧告、関係生徒の退校処分、中西教頭の辞職と却下などが起こり、教職員が四分五裂の状態となって混乱した状況が概説されている[53]。

七月八日付の「宗教公論と文学寮」では、さらに紛争の過程で、文学寮長藤島了穏の比較宗教学講義の「詐講」問題が起こったことも報じている。この比較宗教学の講義録は、『反省会雑誌』にも連載されているが[54]、藤島の比較宗教学の講義が問題となった詳しい事情は、『宗教公論』の掲載号が現存しないので不明である。しかし、七月一〇日付『明教新誌』には、「詐講」とされた藤島からの反論が「藤島文学寮長の弁誣」として掲載されている。それによれば、藤島は、講義でケルンの「仏教は自心の智力により成仏得脱する教え」であるとする説等を紹介し、その説が真宗の教義に反するという指摘を受けたようである。これに対して、藤島は、あくまでケルンの説を紹介したに過ぎないと弁明している。

さらに、その二日後の同月一二日付の同紙記事「文学寮の改革案」では、匿名で次の内容の文書が各方面に配布されたことが報道されている。

文学寮改革案

第一該寮の独立を図る事　方法（甲）該寮現今の組織を一変して之れを法主殿の直轄に属し且名称を改む（乙）連枝若くは碩徳を戴て名誉総裁となし本山の碩徳及び該寮に於て功労あり且つ教育上の経験あるものを以て評議会を組織す（丙）毎年経費の定額を極めて該寮永遠の基礎を立て本山政略変更の影響を被らざらんことを要す

第二文科大学を設る事　方法（甲）現時の高等科を廃し更に該寮全体の経費を増加して文科大学を開設し漸次歩を進めて仏教大学の基礎を立つ（乙）文科大学は哲学、史学、宗教、の三科より成立し外国教師二名内国教師二名を以て之れを組織す

第三宗教道義の感化を盛んにする事　方法（甲）該寮機関雑誌を発刊し之に由て主義を明にし以て生徒を感化するの一助となす（乙）現時の繁《ママ》瑣なる規則を廃し束縛主義を破りて生徒自責の風を起す（丙）寮内に於て信仰会を起し総裁連枝之が首唱となり教員及び生徒を導きて信仰の道に進ましむ（丁）僧侶教員は毎朝生徒を集めて勤行且簡短なる説教を為す（戊）師弟の誼分を厳にして遜譲の徳を養成す

この改革案の第一では、文学寮を法主の直轄校として本山から相対的に独立することが主張されている。また第二

では、仏教学以外の「普通学」を一層充実し、八六年発布の大学令により設立された帝国大学文科大学を意識して、同様の「文科大学」を設置することを求めている。さらに第三では、宗教的感化を重視して束縛主義を廃止し学生の自治を認めていくべきことが掲げられている。

これら改革案の内容は、後に論ずるように、中西牛郎の主張に共通する点があり、この改革案も中西またはその影響を受けた人物が書いたものと考えられる。そして、この直後の七月一八日、文学寮の全教職員の解職が断行された。同月二二日付『明教新誌』の「録事」欄には一八日付で本願寺当局より出された次の達が掲載されている。

●真宗本派局達第三十三号　　　　文　学　寮
今般其寮改正の都合により寮長以下教職員は総て廃止候条此段相達
明治二十五年七月十八日　執行長　大　洲　鉄　然[55]

五　中西牛郎と藤島了穏の対立

文学寮改正事件の背景には、文学寮教頭の中西牛郎とその同調者の主張する文学寮改革論に対する教団内保守派の危機感があったと考えられる。そして、文学寮長の藤島了穏との対立に乗じて、一挙に教団内開明派の拠点となっている文学寮の改革をねらったものと考えられる。この間の事情について、当の中西牛郎も、藤島との反目を本願寺に喧嘩両成敗にされたと後に回想している[56]。それでは、中西と藤島との間には、いかなる意見の対立があったのであろうか。次にこの点を検討しよう。

中西牛郎は、一八五九（安政六）年に肥後の儒学者の家に生まれている。熊本で漢籍を学んだが、英学を学ぶことを志し、東京の英学塾に入り、さらに同郷の徳富蘇峰の紹介で同志社に入学したが、在学中より、赤松連城・南條文雄と交わり、仏教への強い関心を抱いていたようである。その後、郷里に帰り私塾を開いていたが、八九（明治二二）年に出版した『宗教革命論』が明如の眼に止まり、赤松連城の呼び出しを受け、明如と面会し、その援助により同年六月にアメリカの政教事情を視察するため渡米した。このように中西は僧侶ではなく教団との直接的な関係もなかったが、半年後の翌九〇年一月に帰国すると、一〇月に文学寮の教頭兼教授に就任した。その就任には明如の意向が強く働いていたようである。[57]

一方の藤島了穏は、近江金法寺に生まれ同寺住職を継職している。西山教校卒業後、東京で法律を学び、八二年には西本願寺よりフランス留学に派遣された。留学中から各宗共立による普通学校・師範学校の設立構想を抱いていたことはすでに述べたとおりである。八八年一〇月に帰国し、中西の教頭就任より約半年遅れて九一年五月に文学寮長に就任した。[58]

このように中西はアメリカに、藤島はフランスに留学経験のある人物で、ともに比較宗教学に強い関心をもっていたようである。文学寮の「普通学」を充実していく意向をもっていた点でも共通しており、その意味では両者とも、教団のなかの所謂「開明派」に属すると人物と言えるであろう。しかし、藤島は僧侶、中西は在家者という立場の違いがあり、さらに中西の周囲には在家出身による教員グループが形成されていたようである。『明教新誌』は、中西を中心として在家出身の教員による仏教経典の学習会が開催され、本願寺の晨朝勤行に参加するなどして生徒の宗教的感化に大きな影響を与えていると報じている。[59]当時の文学寮の教員構成は不明であるが、『明教新誌』が改正事件後に直ちに解職された嘱託教員として、中西牛郎、イービランブアート、中川太郎、田中錬太郎、湊源平、中村鼎五、奥平浪太郎の名を挙げており、彼らが在家出身の教員たちであったと考えられる。[60]

さらに中西と藤島とは、明如法主との関係についても大きな相違点があった。中西とそのグループの文学寮の改革構想は、前述の「文学寮改革案」によくあらわれている。そのなかでも、文学寮を法主の直轄校とし、教団内の勢力抗争の埒外に置こうという考えは、在家出身で教団内に強い人脈がないにもかかわらず、明如に大抜擢されて文学寮の教頭となった中西が最も強く望んだことの一つであったと考えられる。これに対して藤島は、七九年に起った所謂「寺務所東移事件」の際、真宗学庠内に公選党を組織して、明如に寺務役員の公選を迫った中心的人物の一人である。当時の明如の密偵の通報によれば、藤島は「本願寺ハ大谷家ノ本願寺ニアラス、門末一般ノ本願寺ナリ、果シテ然ラハ何ソ法主ノ独裁ニ任センヤ」と発言している。[61] また藤島は、翌八〇年の寺法編成会議の委員も務めたが、ここでも法主の独裁制を牽制すべきことを主張している。寺法案の「京都本願寺ハ一派共有ノ本山ニシテ」という条項の「共有」という文言が論議された際にも、藤島は「万一法主ガ本山即チ本願寺ハ我私有ナリ」と主張し、法主が横暴な宗政を行う可能性を想定して、是非とも「共有」という文言を残すべきだと発言している。[62]

また、中西と藤島との間では、政教関係についても意見の相違があったようである。藤島了穏は、八一年、フランスに留学する前年に『耶蘇教無道理』というパンフレットを執筆し、強い排耶意識を示している。さらに内地雑居を控えて仏教側が展開した公認教運動では、その中心的人物のひとりとして活動し、九九年に『政教新論』という書を出版している。この書では、「信教の自由」と「宗門の自由」を分けて考えるべきことを訴え、「信教の自由」は個人の権利に属するもので、その内面の自由は守るべきことは当然であるが、「宗門の自由」つまり宗教教団の布教権の自由は、社会の安寧を保つ意図から、フランスなど無差別に容認されていない国もあると述べている。そして、日本では、社会に順応した仏教を公認教とし、キリスト教は公認すべきでないと主張している。[63]

仏教教団の既得権益の保全を重視する藤島に対し、中西は、キリスト教の自由神学の影響も強く受けており、キリスト教を公許すべきだと述べている。当時の中西には、キリスト教を公認したとしても、仏教は旧体質からの革新を遂げることで十分にキリスト教に勝利し得るという確信があったようである。[64]

このほか、両者の対立には、文学寮内の出身地別の派閥抗争も密接に関わっていたようである。『中央学院八十年史』によれば、普通教校には出身地別の派閥が存在したようである。発足当初、まず創立委員であった是山恵覚の周囲に安芸派ができ、その後、里見了然が幹事（校長）になるに及んで越前派が台頭し、それに肥後派が加わり、「学内の改革運動をめぐって、三者の勢力争いが顕在化した」とある。[65] 三者のなかでも、学内改革にとくに急進的であったのは肥後派であり、学内改革を学校当局に要求した中心的人物で肥後出身の東温譲は退学処分になっている。この事件は、中西牛郎が文学寮教頭となる以前、八八年のことであるが、中西は肥後出身であり、その周囲には肥後出身者を中心とする九州仏教倶楽部という団体も結成されていた。[66] つまり中西は、学内改革の急進的勢力である肥後派の指導的な人物でもあった。ちなみに一方の藤島は、近江の寺院出身者である。学内の派閥抗争を沈静化させるためにも、安芸・越前・肥後出身でない藤島が文学寮長に撰ばれたとも考えられる。

こうして見ると、藤島と中西は、同じく文学寮に籍をおき、ともに海外留学経験を有する開明派と目される人物ではあったが、法主の権限や教団との関係、政教問題等において意見の相違があった。そして、これに在家者と僧侶、出身地別の派閥抗争が絡んで対立が激化し、これを教団保守派が利用したものと推察される。[67]

六　中西牛郎の文学寮教頭就任と明如の思惑

明治二〇年代、中西牛郎は仏教改革の先鋒者として井上円了と並び評せられ、その主張は大きな脚光を浴びた。[68] しかし、教団内に人脈を持たない中西が文学寮教頭に抜擢されることは異例のことであり、それには明如の意向が強く作用していたと考えられる。そして、この中西の登用が文学寮改正事件の淵源となっていたのであるが、それでは、どのような理由から明如は中西を登用したのであろうか。

明如と中西の結びつきのきっかけとなったのは、一八八九（明治二二）年に中西が出版した『宗教革命論』であった。この書のなかで中西は、従来の旧仏教が新仏教へと革新をとげることによって、キリスト教を圧倒する勢力を保持するに違いないという展望を述べている。中西の言う新仏教とは、在家者に教会を組織する権限を与え、末寺寺院の住職の世襲制を廃止して教会制に移行させることで実現されるべきものであった。しかも、その新仏教の樹立のために、法主のもとに僧侶・在家信者の力を結集する必要があるとして、次のように述べている。

蓋シ我政府ハ既ニ吾輩臣民ニ政治ノ権ヲ賦与シタリ、而シテ彼レ両派ノ本山ハ何故ニ未ダ其信徒ニ教会ノ権ヲ与ヘザル乎。我ガ政府ハ既ニ封建世襲ノ因習ヲ廃シタリ。而シテ彼レ両派ノ本山ハ何故ニ未ダ僧侶世襲ノ旧習ヲ改革セザル乎。（中略）夫レ本山ハ法主ニヨリテ運動シ、僧侶ハ本山ニヨリテ運動シ、信徒ハ僧侶ニヨリテ運動ス。故ニ法主ニシテ運動スレバ本山固ヨリ運動セザルヲ得ズ。本山ニシテ運動スレバ僧侶固ヨリ運動セザルヲ得ズ。僧侶ニシテ運動スレバ信徒固ヨリ運動セザルヲ得ズ[69]

この主張に明如が注目し、赤松連城等を通じて中西を呼び寄せ、資金を与えてアメリカの政教事情を視察させることになったのだが、それには中西のような人物を必要とする明如側の事情があった。

この書刊行の一〇年前の七九年、明如は寺務所を東京に移転し北畠道龍を中心とする人事の刷新を発表した。この事件に関しては、当時の教団の状況を詳細に分析した福間光超の研究[70]がある。福間は、明如の主眼が防長閥の末寺僧に牛耳られた宗政を奪還して法主親政を行うことにあったことを明らかにし、その点を除けば、改革の未来像はほとんど定まっておらず、具体策もさまざまに揺れ動いていたと指摘している。明如の側近であった上原芳太郎も、「改革の骨子に就ては殆んど文献を存せず蓋しまだ具体的に成立して居なかったらしい[71]」と述べている。

これに対し、明如の別の側近・三島了忠が一九二九（昭和四）年に刊行した『革正秘録光尊上人血涙記』（以下『血涙記』という。）のなかには、明如の教団改革に一六箇条の要目があったことが記されている[72]。その中には、寺務所の東京移転のほか、堂班の廃止、末寺の教会制度への転換、管長・本願寺住職の公選制など斬新な制度改革が盛り込まれていた。しかし、これらの記述内容には矛盾点が多く、刊行直後に上原が逐条に対する疑問点を指摘したのをはじめ[73]、『本願寺史』もその信憑性に疑義を呈し[74]、二葉憲香や福間光超も三島の記憶は曖昧な点があり無条件に信ずることができないとしている。[75] おそらく福間が指摘するように、三島は、当時の断片的な記憶を元にその後の展開を踏まえて、必ずしも明確でなかった改正の方針を首尾一貫していたかのように整理し直したものと考えられる。

ところで、この『血涙記』の刊行以前の一九二五年、西本願寺は明如の二五回忌法要を四年後に控えて伝記編纂所を設置し関係者から資料を収集した。これらの資料は『明如上人外来史料』（以下『外来史料』という。）として本願寺に所蔵されており、そのなかには三島の手記も含まれている。[76] この『外来史料』と『血涙記』に記された改正要目一六箇条の要目には若干の文言の相違が見られるが、なかでも内容が大きく違うのが次の項目である。

第六に、大小寺院の分合と廃合を為さねばならぬ、随って檀家の分合は自然の結果に任せねばならぬ。（『外来史料』）

第六　大小寺院の分合、教会制度に換へ、檀家の名称を廃して、帰依自由とせねばならぬ。（『血涙記』）

明如側が法主親政の宗政を実現するにあたって、末寺僧侶と在家信者をどのように位置づけ直すのかという点は重要な課題であったはずであり、何らかの議論があったと考えるのが自然であろう。しかし、『外来史料』の段階での三島の記述内容は極めて曖昧である。これに対して『血涙記』では、教会制度について言及し、中西の『宗教革命論』の主張と近似した内容となっている。[77] このことは、東移事件の段階での末寺僧侶と在家信者の位置づけに関する明如の方針が不明確であったことを示すとともに、後に明如が中西の主張に傾倒していった事情を踏まえて、三島が論理的整合性を図ろうとした結果とも考えられる。

東移事件を契機として、本願寺派では末寺僧侶による公選議会が発足し、その過程で法主の権限には改めて強固な位置づけがなされた。[78] しかし、これにより必ずしも明如の所期の目的が達成されたわけではなく、以後、明如は権限委譲を求める公選議会への対応に追われることになった。[79] そうしたなかで、明如が普通教校の設置を支持し、僧侶だけでなく在家信者の人材養成に力を注いだのも、法主を頂点とする教団体制の強化を目指してのことであったと考えられる。明如にとって、教団内での自らの方針に抵抗する末寺僧侶を牽制する意味からも、在家信者の登用を図っていく必要があった。そして、中西の提起した教団改革の路線は、この明如の思惑に理論的方向性を与えるものであったのである。

七　中西の文学寮・教団改革論とその後

明如に登用された中西が文学寮を舞台にどのような教団改革を構想し、学内改革論を展開していったのであろうか。次にこの点を見ていきたい。中西は、一八八九（明治二二）年二月に『宗教革命論』を上梓し、同年六月には明如の経済支援を受けて米国に政教視察に赴いた。

中西の米国での動向には文学寮の反省会も注目しており、その機関誌『反省会雑誌』には、いくつかの関係記事を散見することができる。同年九月刊行の同誌には米国から寄せた中西の書信が掲載されており、そこで中西は、米国の宗教事情を精力的に視察しようとする意欲を語るとともに、大学林を拡張して、比較宗教学・キリスト教神学の科目を置くことを求めている[80]。このことから、中西の米国視察の目的の一つが教団設立学校の改革案を練ることにあり、その背後には明如の指示があったと推察される。しかし、何かの事情によって、中西の米国視察は半年ほどで打ち切られ、翌九〇年の一月に帰国した[81]。文学寮に就任させるため、明如が帰国を促したとも考えられる。

帰国後の中西は、精力的な執筆活動を展開している。帰国の四箇月後には『組織仏教論』を刊行し、儒教であれキリスト教であれ、その真理とすべきところは、すべて仏教に帰結すると述べ、近代以降の学術的な成果によって仏教の絶対的優位性は充分に証明できるとの確信を表明している。そして、その確信ゆえに、従来の仏教護法家の採ってきたような他教を排撃する「破邪顕正」的立場は採らないと主張する。こうした中西の主張は、アメリカの自由主義的な考え方の影響を受けてのことであろうと推測され、後に参画することとなるユニテリアンのことにも論及している。[82]

さらに中西は、その翌月の九〇年六月『反省会雑誌』に「文学寮の拡張を望む」を発表した。ここでは、まず、文学寮を大学林から分離して、在家信者の子弟を入学させて学内の活性化を促すことを主張している。続いて文学寮を教団内の権力抗争から分離するために法主の直轄校とすること、職員会議を開き学内の重要事項を合議制で決して学内自治を高めることを求めている。また生徒に宗教的感化を及ぼしていくためには教職員自身の仏教信仰を深めていくべきことや、教団の旧態依然たる影響から脱していくため学校位置を移転することなども提案している。[83] この年の一〇月に中西は文学寮の教頭兼教授に就任したが、これらの主張の内、大学林からの分離独立は翌年七月に達成され、その他の点も在家出身の教員との協力により実現に向けた努力が展開されたことは、すでに述べたとおりである。

翌九一年二月、中西は『宗教大勢論』を刊行し、ここでも、仏教がキリスト教にとって代わり、世界宗教に君臨する地位を確立するであろうという展望を述べ、だからこそ、政府はキリスト教を公許すべきだと論じた。[84] 中西の仏教の優位性に対する自信に満ちた主張は、仏教系世論に大きな期待をもって迎えられ、前述のように反省会にも強い影響力を与えた。『中央公論社七十年史』は、この年三月に高楠順次郎が欧州留学のため日本を離れた後、『反省会雑誌』の主な執筆者として、古河勇（老川）とともに中西の名前を挙げている。[85]

しかし、在家出身の中西が教団と教団設立の学校に深く関わりその改革を目指したのは、自らの真宗信仰にもとづくものではなかった。中西は、九一年五月と六月『反省会雑誌』に連載した「日本と仏教」という論説のなかで次のように述べている。

故に吾人は断言す、我か日本の文化を進歩し我か日本の独立を保維したるものは、我が万世一系の皇統と宇宙惟一の真理なる仏教とに外ならず、（中略）斯の如く吾人が信奉する仏教と、吾人の本国と密着の関係を有するが故

> に、若し将来仏教の大難起るあらば、愛国の精神に富む吾人、其最大義務として仏教の為めに争ひ、仏教の為めに戦ひ、千有余年間日本の文化に進歩し、日本の独立を維持したる仏教の為めに終に最後の鮮血を注がざるを得ざるべし、（中略）仏教にして果して一旦快復することを得ば是れ我国家の生命、精神従って振興するものなり、果して然らば我国家、我仏教、我反省会は是れ鼎立するものにして反省会の起るは即ち是れ仏教の将さに大に振興せんとするの徴候なり、（中略）故に吾人は敢て断言す我国家と我仏教、我仏教と我反省会、此三者は其盛衰存亡の上に於て互に密着の関係を有することを、蓋し甲亡ぶれば乙独り存することを得ず[86]

この論説で、中西は、「万世一系の皇統」と「宇宙惟一の真理たる仏教」こそが、日本の進歩と独立を保証するものであると述べている。つまり中西が、仏教教団改革の断行を主張し、その勢力の保持のために奔走するのは、仏教の興廃が日本国家の浮沈と密接に関わるからにほかならない。そして、仏教教団のなかでも最も大きな勢力を有する浄土真宗本願寺派の興廃は大きな関心事であり、とりわけ、その教団改革の主力とも言うべき反省会は大きな使命をもっていると訴えるのである。

中西は、明如の改革の抵抗勢力である末寺僧侶の特権を打破して在家信者に権限を与え、教団・文学寮内の自由性を高めることで教団勢力を活性化させ、外圧（キリスト教）に備えるという改革路線を明確に打ち出した。しかし、その教団改革構想や文学寮改革理念の真宗信仰による裏づけは希薄であり、国力の独立・増強のためというナショナリズムが強くその根底に横たわっていた。こうしたなか、中西は文学寮の教頭という教団内の要職を得たことにより、教団の保守的体質を批判するだけではなく、さらに教団改革を推し進める明確な理念と具体的方向性を示す必要性に迫られていったと考えられる。

九一年七月『反省会雑誌』は、新仏教の内容を論述した中西の著書『新仏教』が間もなく刊行されるであろうことを予告した[87]。しかし、公になった『新仏教』は、それまでの著作と同じく、教団の旧態依然たる体質の脱却を訴え、これに対して、『反省会雑誌』の論説「中西氏の新仏教論を評す」は、明らかな失望感を表明した。[88] 教団の旧体質を批判しておきながら、新たに団体を組織して教団改革運動を展開するわけではない。ただ混迷を深めるに過ぎないというのである。中西は、これに対して『反省会雑誌』で反論を試みている。ここで、自分はどの宗派にも属する者ではなく、別に一派を立てる意思のないことを改めて述べ、宗派的中立の立場にある自分の関心事は仏教教理のことよりも教団組織にあるのだという。そして教団組織のあり方を自由に論ずる思想自由の討究を導入することこそが「新仏教」であると論じている。[90]

しかしこの頃になると、在家者中心の教会組織への転換という中西の主張は影を潜め、教団組織論の論調は明らかに後退していった。それは、教団内の要職を得て末寺僧侶と対峙したとき、その勢力の強大さを実感し、それとの軋轢を懸念して自らの持論を披瀝することを控えたためかもしれない。しかもこの頃になると、明如と末寺僧侶の公選議会との対立も解消に向かい、教会組織への転換の可能性に明確な展望を持ち得なくなっていたとも考えられる。[91] そうした状況のなかで、思想自由の討究の導入を主張するだけの教団改革論では、なんら建設的なビジョンも持ち得ず、かろうじて文学寮の教頭として、将来の教団を背負う人材を指導していく立場にあることだけが、中西の新仏教論の生命線となっていった。こうして九二年七月に文学寮改正事件が起こり、教団保守派の反攻に遭うと、中西の改革路線は一挙に瓦解していったのである。

— 45 —

おわりに

 一八八〇年代後半に活発化した仏教者の中高等教育事業のなかでも、浄土真宗本願寺派の普通教校は代表的な存在であり、在家信者にも門戸を開放し普通学の教授にも重点が置かれた。しかも、その後に他の教育機関が廃校に追い込まれていったなかでも、文学寮に改組されて存続し、なおその路線は堅持されていた。
 そして、この普通教校・文学寮の「進取の気風」に、在家信者に広く教育の機会を与えて教団有為の人材を育成するという明如の考えが強く影響を与えていたことは間違いない。しかし明如は、僧俗に開かれた教団構想と仏教主義にもとづく自己の指導力発揮に関して、明確な展望を持ちえていたわけではなかった。むしろ、その考えの根底には、教団における自己の指導力発揮に敵対する末寺僧侶の勢力を封じ込めるという思惑が強く働いていたと考えられる。
 一方、明如に登用された中西牛郎の主張は、寺院住職の世襲制を廃して教会組織へ転換することで、在家者の組織化を図るという具体的方向性を示した点で、さらに斬新な性格をもつものであった。しかし、その教団組織のあり方は真宗信仰に根ざして構想されたものではなく、実現に向けた具体的プランも持ち合わせていなかった。さらに文学寮改革論についても、在家者への門戸開放、教団からの自治、普通学の重視などの点で、普通教校の「進取」の伝統をさらに一歩進める方向性を有していたが、これも真宗信仰を起点として教団内部に運動を組織していこうというものではなく、明如法主の権限に依拠することでしか具体的展望を持ち得ないものであった。加えて、国粋主義の台頭とキリスト教の教勢退潮による九州真宗の通仏教的結束の綻びも影響したと考えられる。
 文学寮改正事件でいったん開明的路線が後退して以後も、文学寮とその後の高輪仏教大学では、普通学重視の方向をめぐって、しばしば対立する事件が引き起こされた。ところが、教団の「開明派」と「守旧派」とにより、普通学重視と「守旧派」とにより、普通学重視の方向をめぐって、しばしば対立する事件が引き起こされた。ところが、教団の組織改革までを見据え、在家信者への門戸開放を図るという点で、中西の提起した課題を引き継ぐ者は現れなかった。

もちろん、そこに真宗信仰を内在させた理念が示されていなかった以上、当然のことであったと言えるのかもしれない。しかしその後も、在家信者への明確な教育理念と在家信者に開かれた教団構想が明示されることなく、近代仏教の克服し得ない課題として残されていくことになるのである。

[註]

(1) 仏教者による女学校の設立については、中西直樹著『日本近代の仏教女子教育』（法藏館、二〇〇〇年）を参照。

(2) 中西直樹「教育勅語成立直前の徳育論争と仏教徒『貧児教育』」（『龍谷史壇』第一〇五号、一九九六年一月）を参照。

(3) 谷川穣著『明治前期の教育・教化・仏教』（思文閣出版、二〇〇八年）所収の第二部第五章「僧侶養成学校と俗人教育——真宗本願寺派を中心に——」を参照。

(4) 毛利悠「教学の意味と役割——高輪仏教大学廃止反対運動をめぐって——」（『真宗研究会紀要』第六号、一九七四年一二月）、龍溪章雄「『高輪仏教大学廃止反対運動』関係史料の再考——『教界時事』の史料的価値の再確認と反対運動の実態解明——」（龍谷大学真宗学会『真宗学』第一一一・一一二合併号、二〇〇五年三月）などの論考がある。

(5) 近年刊行された小林康達著『七花八裂——明治の青年　杉村広太郎伝』（現代書館、二〇〇五年）では、文学寮の教師であった杉村広太郎（号・楚冠人）の日記等をもとに、一八九七年に文学寮の尋常中学校申請をめぐる対立があったことが明らかにされている。

(6) 例えば、大阪浄土宗の教導職惣代がキリスト教の説教会を許可した大阪府知事を訴えた裁判では、一八八一年一二月に大阪上等裁判所が訴状を却下している（同年一二月二六日付『明教新誌』）。一方、死者埋葬に関しては、七六年五月東京神田で、ロシア宣教師ニコライに妻の埋葬を依頼した者が懲役・罰金刑を受けて以降、告発されれば処罰されることもあったようである。このため、八四年八月『明教新誌』の論説「読太政官第十九号布達」（同月一四～二〇日）は、「公黙二許の差別はた、死者埋葬の一事による」と評している。

(7) 『教海一瀾』第二号（一八九七年八月二〇日）所載の「真宗学庠」には、「於是利井明朗慨然として大法主猊下に建言

(8) 一八八四年三月一日付『郵便報知新聞』によれば、この学校は、全国の住職の意見を聴いた後、各宗派と協議を経て、京都の伏見桃山に二百万円の経費を投じて設立する計画であった。翌八五年七月発行『令知会雑誌』（第一六号）の白山俊哉「大教校ハ東京ニ設置セサル可ラズ」では、設置場所として東京が最適であると主張している。

(9) 一八八八年四月一四日付「東雲新聞」は、一時中断していた「日本宗教大学校」の設立計画が各宗本山の共同で再始動したことを報じ、その後も同紙には、この計画に関わる記事が度々掲載された。

(10) 一八八九年二月二七日付「東雲新聞」。また同年一月発行の『伝道会雑誌』第八号にも「各宗共同私立大学の噂」と題して関係する記事がある。

(11) 一八八九年三月八日付『明教新誌』掲載「仏教大学校設立に関する異論」、同月一二日付同紙掲載「仏教大学設立に関する事」など。各宗派間で意見が対立した結果、四天王寺住職吉田源応が単独での設置を計画したが、これも実現しなかったようである（同年七月一八日付「東雲新聞」、同月二四日付『明教新誌』）。

(12) 平井金三の経歴に関しては、常光浩然著『日本仏教渡米史』（仏教出版局、一九六四年）を参照。オリエンタルホールについては、前掲『日本近代の仏教女子教育』二八〜二九頁を参照。

(13) 一八九〇年一月二四日付『明教新誌』に平井龍華（金三）の「仏教大学設立旨趣」が、同年二月刊行の『伝道会雑誌』第二一号に「帝国仏教大学資金募集広告」が掲載されている。

(14) 一八九〇年八月三〇日付『明教新誌』。

(15) 一八九〇年八月二六日付『明教新誌』、「擇善会雑誌」第一八号（同年九月）。

(16) 在東京丹羽月渓「諸宗連合して一大学林の設置を望む」（一八八六年九月一二日付『明教新誌』）。

(17) 「仏蘭西の普通学校」（一八八六年一二月一〇日付『明教新誌』）。

(18) 「基督教主義の学校」（一八八六年一二月二六・二八日付『明教新誌』）、在西京芳渠閑人「明教新誌の改良を祝し併せて明教学校の創設を望む」（一八八七年一月六・八・一二・一四・二四日付『明教新誌』）。

(19) 「興学私案」（一八八七年一月二四日、同年二月四・六日付『明教新誌』）。

(20) 一八八七年一月二四日、同年二月四・六日付『明教新誌』。

— 48 —

(21) 一八八七年八月三〇日、同年九月二・二四日付『明教新誌』。
(22) 一八八七年九月四・八・二六日付『明教新誌』。
(23) 一八八七年九月二六日付『明教新誌』、一八八八年一月一二日付『明教新誌』。
(24) 一八九〇年八月二六日付『明教新誌』。
(25) 前掲『日本近代の仏教女子教育』、及び中西直樹著『仏教と医療・福祉の近代史』(法藏館、二〇〇四年)を参照。
(26) 一八八七年八月一六日付『明教新誌』。
(27) 「大和通信」(『反省会雑誌』第五号、一八八八年五月)。
(28) 一八八八年五月八日付『明教新誌』。
(29) 一八九〇年八月四日付『明教新誌』。
(30) 一八八七年七月二八日付『明教新誌』。
(31) 一八八七年一一月二六日付『明教新誌』、『神戸開港三十年史』下巻(開港三十年紀念会、一八九八年)。
(32) 一八九〇年三月二四・二八・三〇日付『明教新誌』。
(33) 一八九〇年九月一二日付『明教新誌』。
(34) 「訪導学館の開館式」(『國教』通号二二号、一八九二年八月一五日)、「広告・訪導学館設立趣意告文」(『國教』通号二二号、一八九二年八月三〇日)。
(35) 『大谷中高等学校百年史』(大谷中・高等学校、一九六九年)、『京都府百年の資料』五 教育編(京都府、一九七二年)。
(36) 『石川県教育史』第一巻、五三九～五四二頁(石川県教育委員会、一九七四年)。
(37) 前掲『仏教と医療・福祉の近代史』一三三頁。
(38) 尋常中学校の数は、一八八七年に四八校まで減少した後に増加に転じ、九三年には倍の九六校まで増加している。政府も九一年に中学校令を改正、府県内に複数の公立尋常中学を設置することを認め、九三年の改正では町村学校組合による学校設置の規定を追加した(文部省内教育史編纂会『明治以降教育制度発達史』第三巻、一九三八年)。そうしたなか、九一年には上級学校への進学から私立尋常中学校を排除しようとする文部省の動きが表面化し、「私学撲滅論争」が惹起している(久木幸男他編『日本教育論争史録』第一巻、第一法規出版、一九八〇年)。
(39) 一八九〇年四月二日付『明教新誌』は、明治学院が八九年の二五八名から一七三名に、東洋英和学校が三三〇名から一〇三名に生徒を減少させるなど、欧化主義の退潮と国粋主義の台頭とともにキリスト教諸学校が生徒数を減らしつつある現状を報告している。さらにキリスト教諸学校は、九二年以後の「教育と宗教の衝突」事件により大きな打撃を受けた。

(40) 一八九〇年八月二六日付『明教新誌』。
(41) 前掲『大谷中高等学校百年史』、前掲『石川県教育史』第一巻。
(42) 前掲『本願寺史』第三巻、三〇九頁。前掲『龍谷大学三百年史』でも「その気風自ら斬新なものがあった」と記されている(六五〇頁)。
(43) 前掲『明治前期の教育・教化・仏教』二四二〜二四三頁。
(44) 前掲『龍谷大学三百年史』六五六頁。
(45) 近代西本願寺教団における在家信者の系譜—弘教講、顕道学校、そして小川宗—」(顕道書院、一九二七年)。
(46) 一八八八年三月三一日付『東雲新聞』。
(47) 「宗門教学の回顧(其五)」(『教海一瀾』第七六八号、一九三〇年一月三〇日)。
(48) 前掲『本願寺史』第三巻には、合併後の大学林で、内学院と文学寮の学生の対立があったことを記している(三一五頁)。
(49) 一八九二年五月二日付『明教新誌』。
(50) 一八九二年五月六日付『明教新誌』。
(51) 前掲『明如上人伝』七五〇〜七五二頁。これとほぼ同文の「文学寮改正の要旨」が、一八九二年一〇月四日付『明教新誌』にも掲載されている。
(52) 前掲『本願寺史』第三巻、三一七頁。前掲『龍谷大学三百年史』六七八〜六八一頁。
(53) 「文学寮の大紛乱」(『國教』通号二二号、一八九二年八月一五日)。
(54) 藤島了穏の「比較宗教学(講義)」は『反省会雑誌』第七年第一号(一八九二年一月)から『反省雑誌』第七年第五号(同年六月)に連載されている。
(55) 一八九二年七月二二日付『明教新誌』。註(53)掲出「文学寮の大紛乱」にも掲載されている。
(56) 中西牛郎著『神の実現としての天理教』序文(平凡社、一九二九年)。

(57) 中西直樹「日本ユニテリアン協会の試みと挫折―宗教的寛容と雑居性との狭間のなかで―」(『龍谷史壇』第一一四号、二〇〇〇年三月)。また一八九〇年七月二〇日付『明教新誌』は、中西が明如の嘱託で文学寮の教員になるであろうと報じている。

(58) 井上哲雄著『真宗本派学僧逸伝』三三二二〜三三二三頁(永田文昌堂、一九七九年)。「藤島君帰朝せり」(『伝道会雑誌』第一七号、一八八八年一〇月)。

(59)「文学寮教員の講話会」(一八九〇年一一月二六日付『明教新誌』)。

(60) 一八九二年七月二三日付『明教新誌』。名前の挙がっている教員の内、中川太郎はエドウィン・アーノルド著『亜細亜の光輝』(南江堂、一八九〇年)の翻訳を手がけていることからドイツ語と英語を担当し、田中錬太郎は『独逸文法屈曲変化一覧表』(興教書院、一九〇三年)などの編著があることから文学寮に赴任した人物でドイツ語と漢文学の大家、奥平浪太郎は数学関係の著作も多く、また中村鼎五は太政官正院歴史課・埼玉県師範学校長を経て文学寮に赴任した人物で漢文学の大家、奥平浪太郎は数学関係の著作も多く、また中村鼎五は太政官正院歴史課・埼玉県師範学校長を経て文学寮退職後は東京で数学の私塾(後に財団法人研数学館に発展)を設立している。いずれもそれぞれの分野で名の知られた教育者・学者だったようである。

(61)『本願寺宗会百年史』資料編下、六八頁(一九八一年)。

(62)『本願寺宗会百年史』資料編中、六三頁(一九八一年)。

(63) 藤島了穏著『政教新論』(興教書院、一八九九年)。

(64) 前掲「日本ユニテリアン協会の試みと挫折」。

(65)『中央学院八十年史』四四〜四五頁(一九八二年)。なお、中央学院の前身・日本橋中央簡易商業学校は、普通教校の出身者である高楠順次郎・梅原融らにより設立されている。

(66) 中西直樹『明治期における九州真宗の一段面―九州仏教団と九州仏教倶楽部を中心に―」(筑紫女学園大学・短期大学部『人間文化研究所年報』第二一号、二〇一〇年八月)。

(67) もっとも他に学校運営上でさまざまな問題を抱えていたようであり、『國教』は事件の原因として、①学校特有の気風の欠如、②仏教的感化力の欠乏、③私学の精神的特質を欠き機械的官学的な教育方針、④一身をもって学生を感化する教員の不足、⑤寮長の指導力の欠乏、⑥教頭の監督技能の欠乏、⑦学生の放縦・傲慢・粗暴の悪風などを挙げている(「文学寮大紛乱の諸原因」『國教』通号二二号、一八九二年八月一五日)。

(68) 化堂（菊池謙譲）「著述家として井上中西二氏、宗教大勢論を評す」（『反省会雑誌』第六巻第三号、一八九一年三月）。
(69) 中西牛郎著『宗教革命論』一七二～一七四頁（博文館、一九八九年）。
(70) 福間光超「西本願寺教団における公選議会の成立について」（二葉博士還暦記念会編『仏教史学論集』、永田文昌堂、一九七七年）。この論文は、福間光超著『真宗史の研究』（永田文昌堂、一九九九年）にも再録されている。
(71) 上原芳太郎編『明如上人遺文抄』六六八頁（一九三五年）。上原は、一九二七年九月一三日から二二日にかけて『中外日報』に連載した「明如上人と東京」のなかでも、生前に明如が機密書類を焼却したため「改革案につき何等認むべきものはない」と述べている。
(72) 三島了忠著『革正秘録光尊上人血涙記』（昭和出版社、一九七五年）に収録されている。
(73) 上原芳太郎「明如と移東事件」（一九二九年八月一・二・三日付『中外日報』）。
(74) 前掲『本願寺史』第三巻、一九〇～一九三頁。
(75) 前掲「西本願寺教団における公選議会の成立について」、二葉憲香「真宗教団近代化の動向―布教権の回復と末寺平等化指向―」（『龍谷大学論集』第三八八号、一九六九年二月）。
(76) 早島有毅『革正秘録光尊上人血涙記』解説（『真宗史料集成』第一二巻、同朋舎、一九七五年）。
(77) 末寺住職の世襲制を廃止すべきだという本願寺教団改革案は、中西牛郎以外にも主張する者が存在していた（中西直樹「明治前期西本願寺の教団改革動向」（京都女子大学宗教・文化研究所『研究紀要』第一八号・第一九号、二〇〇五年三月・二〇〇六年三月）。
(78) 福間は、「西本願寺教団における議会は『主権在民』としての役割よりも『法主権再編』という役割を荷負ったといえる。」と論じている（前掲「西本願寺教団における公選議会の成立について」）。
(79) 前掲「明治前期西本願寺の教団改革動向」。
(80) 「中西牛郎の書信」（『反省会雑誌』第五年第二号、一八九〇年二月）。
(81) 『反省会雑誌』第五年第二号、一八八九年九月）。
(82) 中西牛郎著『組織仏教論』（敬虔社、一八九〇年）。
(83) 中西牛郎「文学寮の拡張を望む」（『反省会雑誌』第五年第六号、一八九〇年六月）。

(84) 中西牛郎著『宗教大勢論』(興教書院、一八九一年)。
(85) 『中央公論社七十年史』(中央公論社、一九五五年)。
(86) 中西牛郎「日本と仏教」(『反省会雑誌』第六年第五・六号、一八九一年五・六月)。
(87) 黙々居士(森直樹)「中西氏の新仏教論将さに出んとす」(『反省会雑誌』第六年第七号、一八九一年七月)。
(88) 中西牛郎著『新仏教論』(興教書院、一八九二年一月)。
(89) 凹山人「中西氏の新仏教論を評す」(『反省会雑誌』第七年第一号、一八九二年一月)。また、鎌田淵海は、一八九二年一一月刊行の『仏教大討論会』(顕道書院刊)のなかで、中西の新仏教論に明確な理念がなく、さりとて教団改革へのプロセスが明示されているわけでもないことを指摘し、次のように批判している。

　元来仏教の教義は人造物にあらずして天地間の大道理でありますから此等の大道理に新旧のあるべき筈はありませぬ最も此大道理を弘むるの方法手段を改良するとか又は宗制の組織を改新すことでありますれば余は奮て大賛成致しますれども果して此等の改正ならば新仏教とは云はずして仏教弘通の新手段とか新下とか名くる方が穏当ならんと思ひます尚ほ此新旧仏教の事に就きましては曾て彼新仏教の勇将中西牛郎君に質議致しましたれば同君は更に答へられて言語道断面白き説議を拝聴致したこともありますれども畢竟枝葉の議論に止まりて肝心なる争点を承はることが出来ませんなんだのは千万遺憾でありました

(90) 中西牛郎「新仏教の目的を明にす」(『反省会雑誌』第七年第二号、一八九二年二月)。中西は、自分はどの宗派にも所属していないが、自分を仏教へと導いた赤松連城が勧めたならば、直ちに真宗の信徒なるであろうとも述べている。
(91) 前掲「明治前期西本願寺の教団改革動向」。

〈付記〉 本論文は、赤松徹眞編『日本仏教の受容と変容』(永田文昌堂、二〇一三年)掲載論文の再録である。発表後、入手した雑誌『國教』の記事を踏まえて加筆訂正した。

Ⅱ 総目次

『雑誌『國教』と九州真宗』総目次・凡例

一、本総目次は、編集復刻版『雑誌『國教』と九州真宗』（全三巻）の内容を、編集復刻収録の順序にしたがって作成したものである。

一、仮名遣いは原文のままとし、旧漢字表記が通例となっている一部の姓名を除いて、旧漢字、異体字はそれぞれ新漢字、正字にあらためた。また、明らかな誤植、脱字以外は原文のままとし、人名その他もあえて統一を図らなかった。

一、総目次はできるかぎり詳細に記載するように努め、目次に記載されていない内容も記載したが、広告等は一部省略した。

一、目次と本文中とで表記が異なる場合は、その都度適切と判断される表記とした。

一、〔　〕内は編集部の補足による。

『國教』第一号（通号一号）

一八九〇（明治二三）年九月二五日発行

	國教雑誌社規約		前付1
祝詞			
	國教の発刊を祝す	文学博士 南條文雄	前付1
	國教ノ発兌ヲ祝ス	津田静一（梅溪）	前付1
	國教ノ発刊ヲ祝ス	中村 六蔵	前付2
	國教の発刊を祝す	藤岡 法真	前付2
	國教に寄す	文学士 服部宇之吉	前付2
社説	國教の発刊を祝す	加藤熊一郎	前付4
	國教雑誌発行ノ旨趣		1
論説			
	九州仏教団に就て	藤島了穏（胆岳）	4
	苦痛の原由	中西 牛郎	10
	疑問一則	戸城伝七郎	12
	品位の説	静宇居士	13
	旧心理学と新心理学	文科大学得業士 服部宇之吉	15
翻訳	スマンガラ僧正ノ達摩波陀論	後楽庵主人訳補	19
	自然の理法を論す	エ・エフ・メルケエルス稿、咄堂居士訳	22
寄書	依頼主義ヲ放棄スベシ	吉村 真治	24
	耶蘇教ハ之ヲ排斥セザル可ラズ仏教ハ之ヲ改良セザル可ラズ	秋山銀二郎	26
史伝	石川台嶺師之伝		30
雑報	古代欧米仏教／神智学会／青年仏教徒の海外留学／西京の仏教／小本願寺／九州仏教団／熊本の二大学校／仏教徒の大会議／両本願寺法主の授爵／異安心取調／知恩院の臨時総会／宜しく将来を警むべし／其心底如何／二教徒の冷熱／赤十字社／宗教全局の盛衰に注意すべし／両院議員の宗教		
広告	出版〈『反省会雑誌』・『法之園』・『海外仏教事		33

— 57 —

【情】・興教書院発売書籍・『開明新報』

特別社告　　　　　　　　　　　　　　　　　　釋　宗演　前付2

特別寄書家（井上円了・池松豊記・服部宇之吉・堀内静宇・土岐善靜・戸城伝七郎・大内青巒・辰巳小次郎・東海玄虎・津田静一・南條文雄・中西牛郎・中村六蔵・中山理賢・川小十郎・松山松太郎・藤島了穏・藤岡法真・秋山銀二郎・天野為之・佐治実然・澤柳政太郎・三宅雄二郎・平松理英・久松定弘・平井金三・鈴木券太郎）

　　　　　　　　　　　　　　　　　裏表紙

『國教』第二号（通号二号）

一八九〇（明治二三）年一〇月二五日発行　　　　　　　41

國教ノ発刊ヲ祝す　　　　　　　　　　　　釋　宗演　前付2
祝國教発兌　　　　　　　　　　　　　　　池松　豊記　前付2
祝詞　　　　　　　　　　　　　　　　　　高見　廣川　前付3
社説　仏教の真理を証明するは今日にあり　　　　　　　　1
論説　学教の一完体…感化力　　　　　　　松山緑陰居士　4
教育及宗教　　　　　　　　　　　　　　　戸城伝七郎　8
演説　慈恵会に就て　　　　　　　　　　　松山　緑陰　13
同愛慈恵会に就て　　　　　　　　　　　　赤松　連城　15
翻訳　手相学　ルイス・コットン稿、含翠庵水村訳　　　20
スマンガラ僧正ノ達摩波陀論（承前）　後楽庵主人訳補
蒐録　仏教徴証論…緒論　　　　　　　　　中西　牛郎　23
芸苑　訪万行寺七里恒順　　　　　　　　　山田　天山　25
偶成　　　　　　　　　　　　　　　　　　池松　豊記　28
寄書　日本主義の拡張を望む　　　　　　　S.Y.　　　29
【本誌第三号より誌面改良予告】／特別寄書家人名（岩堀知道・小栗栖香頂・神代洞通・辻敬之・前田慧雲・藤田祐真・朝比奈知泉・佐治実然・志方熊記・釋宗演）　　　前付1　30
祝詞

社説 仏教と社会の関係		1
論説 宗教と教育	中川小十郎	3
信仰自由の誤解を論し耶蘇教徒に告く	堀内　静宇	7
耶蘇教は父子倫を破壊する宗教なり	前田　慧雲	10
蒐録 仏教徴証論緒論（承前）	中西　牛郎	12
仏教講究に関する井上哲次郎氏の談話	加藤熊一郎	14
翻訳 自然の理法を論す		16
スマンガラ僧正との談話 メルケェルス著、咄堂居士訳		18
ドグラス・フォーセット著、雲岫生訳		
寄書 宗教ノ人気	黙堂居士	20
耶蘇教は之を排斥せざる可らず仏教は之を改良せざる可らず（承前）	秋山銀二郎	21
耶蘇教は之を排斥せざる可らず仏教は之を改良せざる可らず（承前）	秋山銀二郎	32
雑報 知恩院負債事件／曹洞宗の大紛議／文学寮の新築／各宗教信徒の統計／仏応の仏教徒／十歳以下の未亡人／殷の鑑み／軍人説教と貴婦人法話会／高等中学／井上哲次郎氏の宗教論		36
広告 海外宣教会中央本部／出版《『法の園』・『反省会雑誌』・農工商雑誌社・『法話』・生田得能『仏教ニ対スル疑難ヲ徴集ス』・『海外仏教事情』・『真宗道徳新編』》		
普通社告 國教雑誌社規約／本誌講読／雑誌交換の申込方法／前号正誤、他		43
		裏表紙

『國教』第三号（通号三号）

一八九〇（明治二三）年一一月二五日発行

附録　國教に対する各新聞雑誌の批評　　前付1

史伝　石川台嶺師の伝（承前）　　　　　　　　直言生　　25

上八淵藤岡両師書　　　　　　　　　　　　　　　　　　27

雑報
　徳育に関する勅語／帝国議会の開院式／嗣法主と令嬢／貴族的本山／両者何れを択ばん／月賦の支払ひ／日蓮宗の紛義／曹洞宗管長訴へらる／本願寺大学林文学寮／若し／戯会か議会か／九州倶楽部／九州仏教団／中国仏教団／豈に其人なからんや／日刊新聞発行の計画／発行と改良／或人の問に答ふ／寄贈の雑誌　　29

広告
　出版《『経世博議』・『大同新報』・『反省会雑誌』・『青年之標準』・『仏教新運動』・『簿記之友』》／日本美術建築請負業（伊藤平左衛門）　　37

社告
　本社正社員〔住所・姓名〕／本社の正社員にして維持金を投せられし人々〔金額・姓名〕／本社の維持金として殊に義捐金を投せられし人々〔金額・住所・姓名〕／國教雑誌社規　　39

『國教』第四号（通号四号）

一八九〇（明治二三）年一二月二五日発行

特別社告
　〔本誌〕千余部増刷／〔明年一月発行本誌の附録予告〕／本誌第五号に掲載すべき論説の予告／他　　前付1

論説
　咄、起きよ惰懶者矣　　1

　鸚熊、釈迦牟尼及ヘラクリテス　　文学士　服部宇之吉　　3

　真宗の為に惜む　　平井　金三　　6

蒐録
　仏教徴証論緒論（承前）　　中西　牛郎　　8

翻訳
　蒙古の仏教《『開明新報』の転載》　　11

　自然の理法を論ず（承前）　　メルケエルス著、咄堂居士訳　　15

寄書	寺法細則の更正案を読む	S.S.生	17
	間接布教論	牧田 探源	19
評論	耶蘇教排斥論	秋楓山人	
	僧侶と政党／軍人と宗教／九州倶楽部／寺法細則の更正案／ヲリヱンタルホール／『経世博議』		23
雑報	勅令六十九号追加／『亜細亜の光輝』の著作料／各宗本山の厄年／本國寺執事の罪悪露顕／本願寺集会の可決案／上首／安國清氏／本願寺総代会衆／我国の名誉と云ふべし／世界滅亡の有様／玉藻／寄贈の雑誌		27
社告	本社の維持金として義捐金を投せられし人々〔金額・住所・姓名〕／本社正社員〔住所・姓名〕／正社員の維持金を領収したる分／國教雑誌社規約／本誌特約大売捌所		36
広告			

出版（『法の雨』・『速記彙報』『法の園』・『利と道』・『密厳教報』他）／商業協会（会員募集）／国粋主義新聞雑誌書籍無料観覧場文庫設立

『國教』第五号（通号五号） 一八九一（明治二四）年一月二五日発行 38

趣意書			表紙裏
社告	國教雑誌社規約／本誌特約大売捌所		前付1
特別社告	〔本誌第六号掲載論説の予告／本誌第一・二・三・四号の再版〕		1
論説	社説 本年最初の発刊に臨み聊か所感を述ぶ		2
	感応の説	姫宮 大円	3
	余が宗教に対するの感情	中西 牛郎	4
	教理之応用	辻 治之	7
蒐録	各国宗教一班		11
史伝	石川台嶺師の伝（接前）		

『國教』第六号（通号六号）

一八九一（明治二四）年二月二五日発行

寄書	杞憂生ノ疑ヲ解ス	生田　得能 …12
	國教に寄す	禿　　充 …16
評論	十万の緇林中一人の具眼者なき乎／新仏教革命の先鞭／耶蘇教の末路／北垣府知事各宗高僧を論ず／果して信乎／咄、何等の怪事ぞ／宜しく其収出明にすべし／『経世博議』	…19
雑報	改革党大に起らんとす／三重県下の名僧／曹洞宗管長告訴せらる／選挙権に関する陳情書／曹洞宗紛議の落着／一致教会の改革／三種の新宗教／露国に於る寺院僧侶の数／本誌附録／時事摘要	…23
広告	恭賀新年（國教雑誌社・他）／出版（『密厳教報』・『暹羅仏教事情』・『教海』・『行政』・『伝道会雑誌』・『傳燈』他）／支店開業広告（山本活版所）	…32

広告	明治十年ノ役遺物陳列場設立趣旨／小学科僧侶教員速成広告／出版《『東京商業雑誌』・『九州之文華』・『尊皇報仏大同団報』》		前付1
社説	九州の仏教		1
論説	僧侶被撰権の請願に就て	無　名　生	4
	感応の説（承前）	姫宮　大円	8
	國教記者に告ぐ	中村　六蔵	10
	印度史を読む	加藤熊一郎	12
蒐録	欧洲に於る東洋学	井上哲次郎	14
翻訳	自然の理法を論ず（承前）メルケエルス著、咄堂居士訳		18
寄書	今日ノ僧侶ハ半ハ蚯カ鷹墨体量		19
史伝	日本仏教沿革の一班	開明新報社　神代洞通	23

評論	死刑廃止の請願／曹洞宗有志会／高等中学不敬事件の顛末／兵役免除の請願	
雑報	大谷派の改革党／附帯の原因／細川、楠の両嗣講／中学林設立の計画／知恩院の訴訟事件／高田派本山の総管／死刑廃止の請願／兵役免除の請願／佐伯旭雅師遷化す／尊王奉仏大同団／遺物陳列場設立の計画／簡易科教員速成伝習所／真宗問答／耶蘇教徒の計画／珠連／小教校一覧表／時事摘要（自一月十六日至二月三日）	29
広告	出版（『宗教大勢論』・『組織仏教論』・『縮刷仏教或問』）	裏表紙裏
社告	國教雑誌社規約、他	裏表紙

『國教』第七号（通号七号）一八九一（明治二四）年四月二五日発行

広告	出版（『農民』）／会員募集（攻法会）		表紙裏
社説	至誠なき事業は継続せず	島地 黙雷	1
論説	耶仏の二教	中西 牛郎	4
反響	宗制改革論	中西元治郎	6
	仏教目下の急務	無名生	9
蒐録	無神論理序	秋山銀二郎	11
	無神論理序	中西 牛郎	15
	無神論理	蕩々居士 大内青巒	16
	支那現行の宗教一班	片桐白川纂述	18
	キヤリフホーニア州に於る耶蘇教の近況	楽天処士	20
		杉山 生	22
	五古一篇	菊池 三舟	25

『國教』第八号(通号八号)　一八九一(明治二四)年六月二五日発行

寄書
人は必ずや幾分の哲理を知らざる可らず　　自由新聞社　白川正治
起きよ正義の君子奮へよ愛国の志士　　　　　　　　　　禿　充　　25
史伝　大教主釈迦牟尼世尊の小伝　　　　　　　　　　　　　　　　28
評論　第二回仏教者大懇話会／其二／反省会／旧富
　　　岡県知事／熊本の商業家に望む／協興学館　　　　　　　　　31
雑報　第二回仏教者大懇話会／議案／各宗協会／同
　　　志倶楽部／更迭と当撰／名僧の計音／九州倶
　　　楽部認定宿　　　　　　　　　　　　　　　　　　　　　　　34
二週年祝意広告　　　　　　　　　　　　　　　　　　　　　　　　36
出版(『簿記之友』・『単式簿記学整理』・『浄
土真宗伝仏心印義』)　　　　　　　　　　　　　　　　裏表紙裏
社告
【編輯人病気のため本誌第七号発行延引／第
八号より記者増聘・誌面改良予告】　　　　　　　　　　裏表紙

広告
出版(『反省会雑誌』)／生徒募集特別広告(私
立尽誠舎)／興教書院　　　　　　　　　　　　　　　　　表紙裏
特別社告
【本号より誌面改良(宗教上の記事に世間全般
の出来事を掲載)／正会員・賛成会員への滞納
金納付督促】　　　　　　　　　　　　　　　　　　　　前付1
社説
露国皇太子殿下の御遭難に就き聊か所感を述　　　　　八淵蟠龍　1
論説
宗教取捨弁　　　　　　　　　　　　　　　　　　　　堀内静宇　4
暹羅の仏教　　　　　　　　　　　　　　　　　　　　織田得能　7
人とは如何なる者ぞ　　　　　　　　　　　　　　　　福井了雄　9
蒐録
宗教指針序　　　　　　　　　　　　　　　　　　　　辻治之　　13

— 64 —

キヤリホーニヤ州に於る耶蘇教（承前）	杉山某	
無神論理緒論（承前）	白川生	15
寄書		
当今の青年	吉丸徹太郎	17
反省園開拓の趣旨	無名生	24
評論		
日本仏教徒に訴ふ／藤島了穏氏／熊本県下の実業家に勧告す／湖南事件／其二		26
雑報	吉村真治	29
内閣大臣の更迭／全国教育連合会／一は収め一は奪はる／曹洞宗臨時宗会／忠愛新報／蛟龍再び雲を得たり／追吊会／死する者十二人／津田三蔵の処刑／内務省訓令／各国教育費の程度／六百五十万円／慰労及寄附／不釣合の裁判／支那の一揆／暴動の目的／蜂起の場所／御注意／コツポ液／多く茄子の実を得る法／洗濯の材料／鳥目／是れでこそ／収入／発明／逝去／入寂／帯留／提出／辞職／入費／遷化／賑合／和魂／停止／収入／終結／寮長／就職／本／焼失／上申／正誤／電灯／送達／失敗／熊		
広告		
出版《『真誌』・『尊皇奉仏大同団団報』・『法の園』・『海外仏教事情』・『心』》		裏表紙裏
社告　國教雑誌社規約		裏表紙
広告		33
特別社告		
注意社告【本誌逓信省認可なきため郵送に二銭切手貼付必要】／社告【本誌京都印刷から本社印刷に変更・交換雑誌は本社宛送付のこと】		表紙裏
広告		
出版（『教友雑誌』・『仏教』・『仏教新運動』・『真宗仮名聖教』）／熊本帰郷（吉村真治）／復籍（西寺事、藤院大誓）／印刻師温古堂		前付1

『第二國教』第一号（通号九号）

一八九一（明治二四）年一〇月一〇日発行

第二國教

第二國教発刊に就て	編輯者誌	雜報	
仏教の新気運	八淵 蟠龍	1	印度仏跡興復会／印度仏跡興復会創立之趣意／阿刀宥浄氏／改革党大会の詳報／改革要旨と請願規約／顕光会／本願寺法主猊下／北畠大学／日蓮宗管長の処刑／神智学会会長／御下賜／大谷派本願寺に対する訴訟／真宗仮名聖教	

論説

宗教取捨弁（承前）	堀内 静宇	3
今日の仏教徒は宜しく進んで殖民事業に従事すべし	中西元治郎	7

評論

大谷派本願寺の改革党／曹洞宗及日蓮宗／内務大臣の訓示　吉村 真治　36

法海

行誠上人の法語／一遍上人の法語／中将姫の箴言（和論語）／古徳詠歌集		10

雑録

中西牛郎氏対徳富猪一郎氏	加藤 咄堂	14
累七弁（八淵所蔵ノ一）		17
朝鮮釜山港通信	安養寺円晋	19
無神論理（承前）	片桐白川纂訳	23
仏門各種の統計		25

批評　『九州仏教軍』／『正法輪』　46

寄贈雑誌（自廿四年一月至九月三十日）　51

広告　『経世博議』他　52

出版（『密厳教報』・『能仁新報』・『海外仏教事情』・『法之雨』）　裏表紙裏

寄書

法の罪に非す器の罪なり	不得止庵主人	29
至上の快楽	武田 興國	32
仏教盛衰ノ主因	村岡朝太郎	34

普通社告　國教雑誌改正規約　裏表紙

『第二國教』第二号（通号一〇号）

一八九一（明治二四）年一一月二〇日発行

特別社告		表紙裏
〔十二月より本誌月二回発行、誌面改良等の予告〕		
社告		
愛知岐阜両県の震災に付救恤義捐を仏門同胞兄弟に告白す		前付1
広告		
愛知岐阜両県下の震災に就て全国慈善家に哀告す（仏教婦人会中央部・法雨協会本部）／出版（『華之園』）		前付1
社説　第二國教の精神		1
論説		
尾濃の戦に基督教奇兵を用て仏教の大群に敵す	中西　牛郎	4
オルゴット氏	草野　本誓	6
演説　仏教徒衛生の注意	八淵　蟠龍	8

蒐録

体質考定（スプルツァイム氏著述翻訳）		
東西大関相撲五組		16
七大宗の教義比較表		19
寄書		19
オルゴット氏の要求烈火の如し	中西　牛郎	21
猛省せよ全国の仏徒	狂仏居士	24
宗教家布教の方便	秋山銀二郎	25
監獄教報		
九州各県監獄教誨師の集会		27
詞叢		
詩八首（菊池三舟居士）／詩三首（新道辺蹊）／詩三首（加藤竹翁）		30
雑報		
皇太后陛下の行啓／比丘尼方の御陪食／久邇宮朝彦親王殿下の薨去／両本願寺へ御下賜の袈裟／築地本願寺の扁額／仏教図書館の設立／印度仏蹟復興会／仏教徒の記章を作る／開進学校の栄誉／寺院境内に課税を要す／北海道の布教／基督教的学校の前途／基督教は男		

尊女卑／ニコライ氏／法住教会の義捐金募集／震災に関する彙報（名古屋社友某）
時評　老年僧侶…青年僧侶
広告
　温古堂印房／出版（『誠』・『法之雨』）
普通社告　國教雑誌改正規約　　　　　　裏表紙裏
社告　國教雑誌規則摘要
社説　東洋地震説　　　　　　　　八淵　蟠龍
論説
　僧侶の濫造を防ぐべし
　仏教社会に対する希望　　九州日日新聞社員　天狂生
　劣情の夢　　　　　　　忠愛新報社　奥山千代松
蒐録
　臨済寺の復翰　　　　　　　　　　　中西元治郎

『第二國教』第三号（通号二一号）
一八九一（明治二四）年一二月一七日発行

　　　　　　　　　　　　　　　　　　　　　表紙
　　　　　　　　　　　　　　　　　　　　　1
　　　　　　　　　　　　　　　　　　　　　3
　　　　　　　　　　　　　　　　　　　　　4
　　　　　　　　　　　　　　　　　　　　　5

　　　　　　　　　　　　　　　　　　　　　42
　　　　　　　　　　　　　　　　　　　　　41
　　　　　　　　　　　　　　　　　　　　　31

寄書
　仏教学校ニ望ム所アリ　　　　　　　　吉村　蟆堂
　震災地方に於る仏徒の責任及興復の方針　　草野　本誓
　天王山上に旋旗を翻すものは果たして何人そ　　望見生
　基督教徒に謝し併せて其教の衰頽に就くを吊ふ　　今村　雲峯
　九州各県監獄教誨師集会提出問題
監獄教報
詞叢
　為報恩賦七言古（菊池寛容）／寄第二國教詩二首（大友達行）／詩三首（菊池三舟）／空也上人売笈図賛及詩五首（草野紫洲）／詩一首（鷹枝白水）／詩一首（赤星実明）／詩一首（新道迂蹤）／詩二首（禿充）
曹洞宗鎮西中学林開業祝詞（松平正直）／同（茨木惟昭）／鎮西中学林ノ設立ヲ祝ス（津田

思出のまにまに（其一）
無神論理（第一号の続）　　　　片桐白川纂訳
　　　　　　　　　　　　　　　　なつき

　　　　　　　　　　　　　　　　8
　　　　　　　　　　　　　　　　9
　　　　　　　　　　　　　　　　14
　　　　　　　　　　　　　　　　16
　　　　　　　　　　　　　　　　18
　　　　　　　　　　　　　　　　19
　　　　　　　　　　　　　　　　20

　　　　　　　　　　　　　　　　21

— 68 —

静一）／鎮西曹洞中学林ノ開林ヲ祝ス（平井正衛）／祝詞（杉村大八）

雑報
　皇后陛下の御仁徳／久邇宮殿下の御閲歴／オ氏国に帰る／兵役免除に就て／九州学院／鎮西中学林／大派改革党の挙動／協同伝道会組織成る／朴氏切りに仏学を修む／基督教徒十誠の修正／震災に関する彙報 ……23

批評　基督教贖罪論　　安田　真月 ……26

社告 ……32

編輯者解任／辱知諸君に告ぐ（旧國教編輯者吉村真治）／注意・社告（本誌改良の実施・新年初刊の附録・本誌発行の延期・雑誌代金及広告）／愛知岐阜両県の震災に付救恤を仏門同胞兄弟に告白す ……32

広告
　愛知岐阜両県下の震災に就て全国慈善家に哀告す（仏教婦人会中央部・法雨協会本部）　裏表紙

『第二國教』第四号（通号一二号）
一八九一（明治二四）年一二月三〇日発行

社告　國教雑誌規則摘要　　　　　　　　表紙

特別社告
　本誌配達上の事につき／新年の附録／義捐金報告　　　　　　　　　　　　　　　　前付1

社説
　仏教の新聞雑誌を連合同盟するは教界の急務　　　　　　　　　　　　　　　八淵　蟠龍 ……1

論説　東洋地震説（承前）　　　　　八淵　蟠龍 ……3

論説　仏教社会に対する希望（承前）
　　　　　　　　　　忠愛新報社　奥山千代松 ……6

蒐録
　唐三蔵義浄師略伝及八坂談話　　阿満　得聞 ……7

無神論理（承前）　　　　　　片桐白川纂訳 ……10

思出のまにまに（其二）　　　　　　　なつき ……16

詞叢
　闢邪教策及詩五首（草野本誓）／詩六首（井上

広告

托鉢説　　　　　　　　　　　　菊池　寛容　　29

仏教の盛運と僧侶の敗徳　　　　禿　　充　　　31

震災義捐金報告／出版（『大悲之友』・『仏教新運動』附録・『法之雨』）　　　　　　　　　　32

『第二國教』第五号（通号一三号）
〔未見　一八九二（明治二五）年一月発行か〕

『第二國教』第六号（通号一四号）
一八九二（明治二五）年二月五日発行

表紙

社説　　活仏教　　　　　　　　草野　本誓　　　1

社告　　國教雑誌規則摘要

論説　　新仏教論（其一）　　　石川　望洋　　　1

地震微考　　　　　　　　　　　勝國　道人　　　3

演説　　仏教大意　　　　　　　島地　黙雷　　　6

寄書

昆江／詩七首（鷹枝大観）／詩五首（草野紫洲）／詩二首（迦統慈雲）／詩一首（土田黙庵）／歌一首（井口素行）

批評

何ぞ奮つて孤独の救済を図らざる／仏教社会亦将に眠りに就んとす／吾人は其心事を解するに苦しむ／児戯乎将た狂言乎吾れ得て解せず／憐むべし同志社の衰運／弁舌と文章

此任に当る者は何人ぞ　　　　　狂仏居士　　　20

雑報

驚くべし宗教の感化／福田会孤児を引取る／孤児の救養を計らんとす／仏教病院／教友会／巴里の仏教／外国婦人仏教に帰依す／耶仏青年会の競争／仏教社会何ぞ夫れ慶事の多きや／管長交替／日蓮宗の法将逝く／浄土宗務執事の辞職／京都新聞発行の計画／延寿寺の本堂再建／一片の紙葉法華経八巻を写す／注意すべきは外教徒の慈善なり／正誤　　　　　　　　　　　　　　吉村　真治　　　23

寄書　　　　　　　　　　　　　　　　　　　　24

我国宗教上に於ける九州の形勢を論す（接続）	森　直樹	9
蒐録		
本願寺広如宗主誡時衆偈	日溪法霖	
対食偈		
王陽明学	文学博士　井上哲次郎	12
昆江井上先生墓誌銘	谷口藍田撰	12
無神論理（承前）	片桐白川訳	14
詞叢		15
詩一首（荻野独園）／詩一首（調雲集）／詩一首（故井上昆江）／詩一首（不二門静湖）／詩一首（小栗栖栞処）／詩二首（菊池寛容）／詩一首（草野本誓）／詩二首（松林法雷）／詩一首（龍華空音）／詩一首（小野木善親）／詩一首（草折言）／詩一首（高木米所）／詩五首（多野彦也）／詩一首（樋口唯誓）／詩一首（穂秋帆）／詩一首（今村雲峰）／諧句四首（雪庵古池花鸎）／歌一首（大城誓三）／歌二首（菊池千枝子）		
時事		19
雑報		
熊本英学校の違勅演説	悲憤生	21
熊本英学校の事に付て有志諸君に質す	大島　搏	24
釈尊霊蹟のパノラマ画／総合哲学講義／京都仏教徒の新年懇親会／副嶋老伯の持念仏／泉涌寺へ諭達／山階宮殿下推戴を辞させ給ふ／竹村藤兵衛氏／狸の法衣／驚く可き一大怪報／今北洪川禅師の入寂／震災地の孤児収養／曹洞宗中学林耶蘇教師を招く／北畠道龍師／第二の玄奘三蔵／禿安慧氏の名誉／中村弥六氏の膽気／西合志の仏教大演説会		26
広告		
出版（『四明余霞』・『経世博議』）／有朋社広告		裏表紙裏

社告　國教雑誌規則摘要　　　　表紙裏

『國教』第七号（通号一五号）
一八九二（明治二五）年二月二九日発行

社説　第二國教改題の趣旨及び将来の希望　　　　　　　　　　　　　　　　1

論説　井上円了氏と中西牛郎氏を対照論評す（第一）　　森　　直樹　　4

新仏教論に就て中西氏と鎌田氏との大論戦　　中西牛郎／鎌田淵海

仏海波瀾　　　　　　　　　　　　　　　　　　　　　　　　　　　10

詞叢　長嶺山順正寺銅鐘銘・題孟母断機図（清浦奎吾）／孤独吟・次秋帆上人韻（菊池寛容）／詩一首（松林法雷）／詩二首（草野折言）／詩一首（中瀬秀二郎）／詩一首（高木米所）／詩二首（波多野彦也）／詩一首（水月仲丸）／詩一首（樋口珠南）／詩一首（新道迂溪）／詩一首（折言狂生）

雑報　新仏教論に就て大激論／仏教徒中央亜細亜に探険を試みんとす／日蓮宗大懇親会／延暦寺の修繕漸く成る／一種奇妙の仏教信者証明広告／荻野独園禅師の近詠／心中の乱髪／文学　　　　　　　　　　　　　　　　　　　　　　　　　　　　　　22

広告　中西牛郎著書《宗教革命論》・《組織仏教論》・《宗教大勢論》・《仏教大意》・《新仏教論》／出版（《伝道会雑誌》）　　　　　　　　　　　裏表紙裏

寮新築の近況／藤宮規平氏の蜃気楼／仏界運動の新光輝／仏光将さに桑港に輝かんとす／大久保舎海師の名誉／耶蘇教徒伝道の二大策／耶蘇教徒名古屋に孤児院を設立す／東京府下基督教の教勢／福澤翁の米搗　　　　　　　　　　　　　　　　　　　　　　　　　　　　　　24

『國教』第八号（通号一六号）

一八九二（明治二五）年三月二五日発行

社告　國教雑誌規則摘要　　　　　　　　　　　　　　　表紙裏

社説　耶蘇教と戦ふ可きは斯時に在り　　　　　　　　　　　　　1

論説　井上円了氏と中西牛郎氏を対照論評す（第二）　　森　　直樹　　2

寄書　鎌田淵海師の暴激論　　　　　　　　　　　　狂　新　生　　11

改革 経済的眼光を以て僧族諸公に一策を呈す	秋山銀二郎	13

『國教』第九号〜第一二号（通号一七号〜二〇号）　裏表紙

動）・『法之雨』／中西牛郎著書（『宗教革命論』・『組織仏教論』・『宗教大勢論』・『新仏教論』）

演説　古代宗教論　文学博士　小中村清矩　紫陽　嶋宗平		15
詞叢		19
詩一首（調雲集）／詩一首（小栗憲一）／詩二首（草野本誓）／詩二首（山本松稜逸）／詩一首（今村大膳）／歌三首（鷹枝大観）／歌三首（長嶺円子）／歌三首（菊池千枝子）／歌一首（柳堂秀雄）		

『國教』第一三号

一八九二（明治二五）年八月一五日発行〔未見〕

雑報		25
京都に於ける仏教学生の弊習／其弊習とは何ぞや／其弊習の原因／肥後の仏教学生／久米邦武氏奇禍を招く／神道家の大激昂／神道家の新議論／神道は宗教なるか国典なるか／今年の四月八日／唐津各宗協同会／中西牛郎氏／鎌田淵海師／興学会起れり／『仏教公論』／熊本総組長の更迭		26
広告		
出版（『経世博議』・『反省会雑誌』・『仏教新運		

特別社告〔十二号掲載記事の取消〕　表紙裏

社告　國教雑誌規則摘要　表紙裏

社説　信仰自由を論じて仏教界将来の組織を望む　八淵蟠龍　1

論説　印度仏教の新光輝　堀内静宇　3

印度に於ける仏教の変遷　ダンマパーラ　5

寄書　余の一瞥せる我国現今の仏教　西保太郎　9

我国宗教上に於ける九州の形勢を論ず（第二國教第六号接続）　　　　　　　　　　　　　黙々居士　12

派大法主猊下の告辞／文学寮卒業生／大学林卒業生／本派新法主猊下の祝辞／訪導学館／訪導学館の開館式／原坦山禅師の寂滅／政教混乱事件痛撃の雑報取消に就ひて江湖の諸君に告ぐ

耶海波瀾を読んで所感教育界に及ぶ　　　　　　　　　　　　　　　　　　　　　磨墨体量　13

演説

印度仏蹟興復に関する意見
サー　エドウヰン・アーノルド、外山義文訳　17

印度仏蹟の興復と世界仏教運動の関係
ダンマパーラ、堀内静宇訳　21

雑報

本願寺派総代会衆総改選の結果／新陳代謝／大洲香川両師の正誤申込／文学寮の大紛乱／吾人数行の紅涙／文学寮大紛乱の諸原因／青年仏教徒の夏期学校東西に起れり／須磨の夏期学校／芝の夏期学校／各宗綱要の出版近きに在り／万国宗教大会／日本仏教者の挙動／東洋仏教のピーターパラミット／仏陀伽耶回復の機関雑誌／アーノルド氏の叙勲／薗田宗恵君／古河勇君／里見了念氏と服部範嶺氏／日野義淵氏／真宗大派大学寮の卒業生／大谷

広告

出版（『伝道新誌』・『真仏教軍』・『海外仏教事情』他）／哲学館入学募集　24

『國教』第一四号（通号二二号）
一八九二（明治二五）年八月三〇日発行

表紙裏

社告　國教雑誌規則摘要

社説

第二回信仰自由を論じて仏教界将来の組織を望む　　　　　　　　　　　　八淵蟠龍　1

論説

忠君愛国を論じて耶海波瀾の読者に訴ふ
　　　　　　　　　　　　　　　　丹霊々居士　4

信教の自由に就て　　　　　　　　高田道見　7

—74—

演説

印度仏蹟興復に関する意見（接続）

　　　サー エドウヰン・アーノルド、外山義文訳　　10

印度哲学の歴史を論じて天台の一心三観に及ぶ

　　　　　　　　　　　　　　　　　　釋　宗演　　14

寄書

耶海波瀾を読んで所感教育界に及ぶ（接続）

　　　　　　　　　　　　　　　　　磨墨　体量　　17

詞叢

祝訪導学館開業（井伊智量）／謹祝訪導館開場（梁瀬我間）／賀訪導学館開創（小山憲栄）／訪導館の開場を祝て（斎藤開精）／訪導学館の開館を祝す（前田慧雲）／訪導学館の設立を祝す（鎌田淵海）／祝詞（足利義山）／祝文（藤島了穏）／祝詞（服部範嶺）／祝詞（藤井宣正）／訪導学館の開校を祝す（森直樹）　　20

詩五首（栗津瀨溪）／詩三首（矢刎昇）／詩一首（徴龍溪）／詩一首（赤星実明）／詩一首（青香影）／詩四首（新道迂蹊）／詩六首（加藤竹翁）　　25

雑報

八代町基督教徒の暴逆事件に就て

　　　　　　　　　　　　　孤月庵主人　武田篤　　26

皇太子殿下に禅書を献ず／新文学寮長初師／仏界の妖雲怪霧／曹洞宗両本山の分離騒動／曹洞宗騒動の略史／真宗興寺派独立の計画／真言宗の分離論／時宗の本末争閧／臨済宗向岳寺／各宗管長勅任待遇廃止の議／アーノルド氏の帰国／仏教撰択宗仏国に起れり

広告

訪導学館設立趣意告文／肥後名産朝鮮飴／本山参詣保護会社創立主意書・本山参詣保護会社規則　　　　　　　　　　　　　　　裏表紙裏　28

社告

[誌面概要]／國教雑誌規則摘要　　　　　表紙裏

『國教』第一五号（通号二三号）

一八九二（明治二五）年九月二〇日発行

社説

第三回信仰自由を論じて仏教界将来の組織を望む　　八淵　蟠龍　　1

論説

忠君愛国を論じて耶海波瀾の読者に訴ふ（接続）　　丹霊々居士　　3

信教の自由に就て（接続）　　高田　道見　　6

日本の印度仏蹟興復会代表者堀内静宇氏に書を与へて印度宣教の急務を論ず　　ダンマパーラ　　7

寄書

儀式習慣の宗教に関する効力　　黙々居士　　11

布教法に関する本山の宗規を論ず　　志摩　紫陽　　13

悲哀論

菊池須奈雄　　14

蒐録

愚迷発心集　　解脱上人　　16

釈迦牟尼世尊ノ金言　　ライス・ダヴィッツ　　18

東行旅談　　行誡上人　　18

諸宗寺院御条目　　先憂後楽斎主人　　19

九相詩

東坡居士　　20

雑報

『亜細亜及び国民之友』／仏教の時事に関する『亜細亜』の評論／宗教の革新／近日／曹洞宗／妖僧／真宗／宗教界／真宗／曹洞宗／諸宗の証賛／僧俗於俗／真宗中心主義／真宗の二大中心／真宗東西両派の政治／本派の総代議会／加藤恵証師／藤岡法真師／仏教問答新著／暹羅国の梵語学校／大菩提会／宗教大会／エル子スト、エム、ボウデン氏／雄氏仏教問答／法住社員に檄す／肥後仏教の三豪傑／八淵蟠龍師／曹洞宗の騒動に関する各宗管長の会合／前項に就ひて永平寺派の意向／文学寮の改正

広告

肥後名産朝鮮飴／出版『国母論』・『真宗弁疑』・『同行の鏡』他　　裏表紙裏　　21

『國教』第一六号（通号二二四号）
一八九二（明治二五）年一〇月二七日発行

社告　［誌面概要］／國教雑誌規則摘要

社説　真正の信仰には真正の活力あり（第壱回）
　　　八淵蟠龍演説、森直樹筆記　　　　　　　　　1

論説　今日適用の新仏教の興らんを望む
　　　　辰巳小二郎　　　　　　　　　　　　　　　6

我邦仏教の敵は「ゆにてありあん」に在り
　　　　中西　牛郎　　　　　　　　　　　　　　10

哲学と宗教　　西　保太郎　　　　　　　　　　　12

演説　仏教如水耶蘇教如火　加藤　恵証　　　　　16

雑報　皇太皇后陛下法華経を請し給ふ／徳育上の勅問奉答／基督教徒の公開状／信教自由の教育に関する建議／輿論（耶蘇教国の道義は我国の倫序に適合せず／法典と倫理の関係／猛省せよ仏教の諸子／欧洲帝王の不運命／耶蘇教徒を憐む／生胆と犬姦／痴愚蠻倫を誤る／犬姦律／文明と野蛮／天地月鼈／民友記者の黒的弁護／玉名郡仏教青年秋季運動連合大会／八代町基督教徒暴逆事件に付て正誤申込／真宗本派の集会／監獄教誨の感化／宗教不可圧制の意見／大谷派僧ユニテリアンに転ず／ニコライ会堂／安息日も休まず／全国社寺神官僧侶の統計表／印度現在の宗教の統計表／内外表裏／非日本人放逐／西倫通信／偽基督の妄民／外教蚕食の景状／千島義会

広告　肥後名産朝鮮飴／禁酒進徳飴／出版《法之雨》・『仏教公論』・『仏典講義録』他　　裏表紙裏

『國教』第一七号（通号二二五号）
一八九二（明治二五）年一一月二〇日発行

特別社告　［雑誌代金未納者への告知］　表紙裏

社告	國教雑誌規則摘要	表紙裏
広告	特別広告（活版印刷所　汲古堂）／肥後名産朝鮮飴／出版（『宝の林』・『法蔵』）	前付1
社説	真正の信仰には真正の活力あり（第二回）　八淵蟠龍演説、森直樹筆記	1
	万国宗教大会に就て九州仏教徒に望む　龍朋喦火洲	4
論説	印度仏陀伽耶回復に就て九州仏教徒に檄す　森　直樹	10
寄書	捨家棄欲を論じて遂に現今の僧侶に及ぶ　和泉　司	14
	利用的賛成者豈に恃むに足らんや　甲斐　方策	16
蒐録	近世仏教史の新現象西蔵国との連合　堀内　静宇	17

雑報　法華経奉進の願文／伏見宮故景子殿下の薨去／印度仏蹟興復会の発表／印度仏蹟興復会創立之趣意／印度仏蹟興復会改正規則／印度仏蹟興復会の会長／西蔵仏陀伽耶再興会／西蔵国に於ける錫蘭僧／暹羅国の仏教大祭／比留間宥誠師の渡天／村山四洲氏の西倫通信／釋宗演師の渡米に就て／普音天寿氏の要求／平井龍華師米国に説法す／バウデン氏／清国墨禅和尚／小林洵氏の名誉／大日本仏教図書館／護国貯蔵銀行／仏教病院／北海道布教の奨励／真宗本派北海の開教／印度の仏典翻訳会社／李鴻章金塊を寄附す／大隈伯母堂祝寿の紀念／同伯令夫人／紀州徳川侯令嬢の信心／紀州家の家令家扶／高嶋学習院次長／狩猟規則抄録／護国の秘訣／天主教徒／霊魂研究会

愚迷発心集（前々号の続）　解脱上人　19

西蔵及比摩羅耶以南仏教徒の重要なる会合　エフ・エーチユ・ミュラー、外山義文訳　20

佐久間象山の書簡　佐久間象山　21

『國教』第一八号（通号二六号）

一八九二（明治二五）年一二月二〇日発行

広告
出版（『四明余霞』・『伝灯』・『教友雑誌』他） 裏表紙裏

続
西蔵及比摩羅耶以南仏教徒の重要なる会合（前号接続） 堀内　静宇 20

ヱフ・エーチユ・ミュラー、外山義文訳

故法勝寺執行俊寛僧都紀念塔銘 菊池　純 22

雑報
中山二位局仏教に帰し給ふ／故久邇宮殿下の御一周忌／海江田将軍受戒す／山田顕義伯の仏葬／大谷派法主を大菩提会副会長に仰がんとす／ダンマパラ氏の書簡／島地黙雷師の奮発／藤嶋了穏師も同行せんとす／勝友会員の美挙／世界的仏教気運の刺戟／大谷派本堂上棟式／大谷派三法主猊下の親諭／南禅寺派琉球に開教せんとす／日蓮宗大会議／真言宗宗会の解散／「教海指針」の流涕大息／宮本恵順師の述懐／本派会衆中の二猛将／仏教大難論愈々出でたり／『國教』の寸評／本年一月以来寄贈の雑誌及び小冊子 24

社告
國教愛読者に急告す／國教雑誌規則摘要 表紙裏

社説
明治二十五年の歳晩に臨み満腔の感慨を迸洩す 黙々居士 1

論説
印度仏陀伽耶回復に就て九州仏教徒に檄す（接続） 森　直樹 9

寄書
道理上宗教的儀式ノ必要 橘　大安 17

現時僧侶ニ要スル所ノモノ 桜　雨生 18

蒐録
近世仏教史の新現象西蔵国との連合（前号接続）

広告
宗祖埋骨ノ地ヲトス（青木連城）／出版（『教 25

『國教』第一一九号（通号二一七号）

一八九三（明治二六）年一月二五日発行

社告	謹祝新陽／國教雑誌規則摘要		表紙裏
社説	明治二十六年の新陽を迎ゆ		1
論説	「ブッヂスト、レー」の余の文を評せるを評す		2
	印度仏陀伽耶回復に就て九州仏教徒に檄す（接続）	在帝国大学 古河老川	
寄書	廿世紀以後ニ於ケル宗教ノ大勢ヲトス	森 直樹	6
	万国宗教大会ニ就テ	月輪 正遵	9
演説	欧米東洋学流行の一斑を述べて東洋専門大学設立の必要を論ず	和泉 司	11
		井上 円了	14
蒐録	愚迷発心集（拾七号接続）	解脱 上人	19
	仏教大難論自序	中西 牛郎	20
	人世	古河 老川	21
	小説 花の露〔前文〕	旭松山人（堀内荘）	23
雑報	真宗興隆縁起を献納す／後七日の御修法／北白川宮殿下／仏教徒の錦の御旗／大谷派法主大菩提会の懇請を辞す／近藤是苗師の印度漫遊／清国墨禅和尚の帰国／印度錫蘭仏徒の建白書／再び英文仏教小冊子施配の計画／井上円了氏／井上圓了氏の大演説会	堀内 荘	
広告	謹賀新年（社主八淵蟠龍、他）／出版（『法話』・『反省雑誌』・『仏教公論』・『経世博議』他）／大蔵経欠本買入（菊池寛容）／薬品（複方吐根散・しもやけ根切薬・肺病丸・清聴液）／肥後名産朝鮮飴		25
	界万報』・『仏教公論』・『同学』・『能仁新報』・『仏教大難論』・『反省雑誌』）／肥後名産朝鮮飴		31 32

『國教』第二一〇号（通号二一八号） 一八九三（明治二六）年三月三〇日発行

社告 巻頭言／國教雑誌規則摘要　表紙裏

社説 万国宗教大会議に就て各宗協会に望む 中西　牛郎 1

間接的仏教伝道部創立之趣旨 仏教道徳の真義を論ず 中西　牛郎 6

論説 拝詔余言 嶋地　黙雷 4・5の間

特別寄書 教育と宗教の衝突 文学博士　井上哲次郎 10

寄書 基督教徒将さに火中に飛び入らんとす 甲斐　方策 13

雑報 釋宗演師世界的運動の計画／普恩天寿氏日本に来る／普恩天寿氏の各地に於ける演説／シカゴに於ける日本の評判／稲村英隆師印度仏蹟に詣せんとす／『亜細亜之光輝』独乙文に訳せらる／暹羅に於ける仏書の編纂／菩提会の報告／仏陀の讃美歌／英訳四十二章経の配付／香港より日本僧侶の派遣を望む／英国に於ける新仏教書の編纂／釋宗演師渡米費勧募主意書／蔵原惟郭氏と海老名弾正氏 24

広告 彰教書院発売書籍／特別寄書家（杉浦重剛・西松二郎・菅虎雄・今井常郎）／出版『宝の林』・『貴族真蹟』他） 後付1

『國教』第二一一号（通号二一九号） 一八九三（明治二六）年四月三〇日発行

社告 巻頭言／國教雑誌規則摘要 表紙裏

社説 日本仏教の運動と四囲境遇の変遷 黙々居士 1

論説 仏教道徳の真義を論ず（接続） 中西　牛郎 6

厭世教の必要　　　　　　　　　　　文学士　井上円了　　／第三『九州人』／第四『龍南会雑誌』／第

仏教盛衰の本源　　　　　　　　　　西　保太郎　　　　　五『錦溪』／第六『文林余芳』

特別寄書

教育と宗教の衝突（接続）　　　　　文学博士　井上哲次郎　　10　広告

寄書　　　　　　　　　　　　　　　　　　　　　　　　　　　　出版《仏教通信講義録》・《少年の仏教》・《花

万国宗教大会参列陳情書　　　　　　蘆津　実全　　　　　12　園の蛇》・《仏教公論》／第壱回農産品評会

基督教将さに火中に飛び入らんとす（接続）　　　　　　　　　大日本仏教軍規約

雑報　　　　　　　　　　　　　　　　　　　　　　　　16

小説　花の露（十九号の続き）　　　甲斐　方策　　　　　19　　　　　　　　　　　　　　　　　　裏表紙裏

　　　　　　　　　　　　　　　　　旭松山人　　　　　　

教祖大聖釈尊の降誕会／釈尊降誕会の光景／　　　　　　　　　　　　　　　　　　　　　　　　　　26

又同日／九州仏教の有志者世界的運動の檄文

を発す／八淵蟠龍師を万国宗教大会に派遣す　　　　　　22 25

るに就て九州仏教徒に訴ふ／蘆津実全師の世

界的運動／印度仏教蹟参拝僧の送別会／稲村　　　　　　　　『國教』第二二号（通号三〇号）

英隆僧正の印度に赴くを送る／日蓮宗々務院　　　　　　　　一八九三（明治二六）年五月三〇日発行

の世界的奮発／万国宗教大会に対する日本各

宗の挙動／熊本の雑誌流行／熊本雑誌の批評　　　　　　　　緊急広告

／第一『九州文学』／第二『九州教育雑誌』　　　　　　　　〔八淵蟠龍万国宗教大会臨席〕（九州仏教同盟

　　　　　　　　　　　　　　　　　　　　　　　　　　　　会本部）／〔万国宗教大会代表者派遣の義捐金

　　　　　　　　　　　　　　　　　　　　　　　　　　　　報告を本誌号外に掲載〕（万国宗教大会代表者

　　　　　　　　　　　　　　　　　　　　　　　　　　　　派遣事務所）

　　　　　　　　　　　　　　　　　　　　　　　　　　　　社告　國教雑誌規則摘要　　　　　　　　表紙裏

　　　　　　　　　　　　　　　　　　　　　　　　　　　　社説　日本仏教徒と世界的観念　黙々居士　　1

　　　　　　　　　　　　　　　　　　　　　　　　　　　　論説

　　　　　　　　　　　　　　　　　　　　　　　　　　　　東洋仏教の歴史的観察　　　　　中西　牛郎　　5

　　　　　　　　　　　　　　　　　　　　　　　　　　　　仏界の理想と現実　　　　　　　松山　緑陰　　10

— 82 —

特別寄書		
教育と宗教の衝突（接続）	文学博士　井上哲次郎	11
寄書		
基督教徒将に火中に飛び入らんとす（完結）	釋　宗演	18
空想を実行せよ		
将に印度に赴かんとして	甲斐　方策	19
小説　花の露（上の下）	釋　守愚	21
	旭　松山人	23
雑報		
稲村英隆僧正愈々渡天す／日本仏界惟一遠征者の事蹟／新仏教徒が最も注目す可き大問題／教育と宗教の衝突に関する耶蘇教徒の狼狽／高橋五郎氏の罵倒的乱撃／『国民之友』の評殺的乱撃／曲学阿世の僻論／井上哲次郎氏の感慨／八淵蟠龍師万国宗教大会の助言委員に任ぜらる／松山緑陰君の世界的間接運動／京都新報の跼内的頑迷		24
広告		
哲学書院発売書籍／出版（『法之雨』・『仏教公		

『國教』第二三号（通号三一号）　一八九三（明治二六）年六月三〇日発行

論］）／チカゴ博覧会臨時施本に就て（海外宣教会本部）　　　裏表紙裏

社説　万国宗教大会臨席者八淵蟠龍師を送る	大道　憲信	表紙裏
特別広告		
［八淵蟠龍万国宗教大会臨席会本部］／［万国宗教大会代表者派遣の義捐金報告を本誌号外に掲載］（万国宗教大会代表者派遣事務所）		
特別社告　［万国宗教大会報道掲載予告］（九州仏教同盟）		表紙裏
論説		
印度苦学中の感懐（上）	釋　宗演	1
東洋仏教の歴史的観察（接続）	中西　牛郎	3
特別寄書　教育と宗教の衝突（接続）（完結）	文学博士　井上哲次郎	7
寄書		9

日本国家と仏教の関係を論じて海内の同胞に訴ふ　吉弘新太郎　17

宗教の前途を卜す　松村森吉　19

詞叢

八淵師の万里遠征を送る　甲斐方策　22

八淵蟠龍師の渡米を送る　本山知英　24

八淵師の雄図を餞す　山田安間　26

八淵蟠龍師の壮挙を送る　菊池適　27

詩　送八淵蟠龍師赴万国宗教大会（粟津獺溪）／同一首（青香影）

歌　八淵師の米国行を送る（軌蔵居士）／同一首（林稚枝）／同一首（黒田親明）／同二首（吉弘正臣）／同一首（伊佐次太）／同一首（本郷廣太喜）／同一首（内山亀吉）／同一首（山田亀次）／同一首（廣瀬高）　28

詩　渡海五首寄國教記者（蘆津実全）／寄國　28

教社（齋田耕夫）

雑報

万国宗教大会臨席者八淵蟠龍師の送別会（第一八淵師の経歴に対する吾人の所感／第二同志青年会特別送別会／第三八淵蟠龍師渡米送別会／第四送八淵蟠龍師之万里遠征／第五八蟠龍師愈々熊城を発す／第六高瀬停車場に於ける送別会／第七八淵氏門司出帆後の順序）／古河老川君の頑迷／教育宗教衝突問題の波瀾／仏徒警醒／東西両派の名師米国耶蘇教徒の軽蔑的蹂躙を蒙る／鎖国的偽新仏教家の真特色　29

広告　尾上南鎧死亡／第二回夏期講習会開設之予告／出版（『真教』・『日本の光』）　裏表紙

社告　國教雑誌規則摘要、他　裏表紙裏

『國教』第二二四号（通号三三二号）　一八九三（明治二六）年八月五日発行

特別広告【万国宗教大会臨席のため出航・大会報道掲載予告】（八淵蟠龍）／本社移転広告　表紙裏

特別社告【万国宗教大会報道掲載予告】　表紙

社説　九州仏教徒の夏期講習会　森直樹　1

論説

東洋仏教の歴史的観察（完結） 中西 牛郎 8

理想的新天地の開拓 甲斐 方策 11

特別寄書

日本ニ於ケル宗教思想 [米誌掲載] 平井龍華、野口復堂訳 14

寄書

宗教大会に就て所感 中西 牛郎 19

来れ新仏教青年（九州夏期講習会の開設） 甲斐 方策 20

日本国家と仏教の関係を論じて海内の同胞に訴ふ（完結） 吉弘新太郎 21

小説

花の露（中の上） 旭松山人 25

詞叢

詩 送八淵蟠龍師之米国（雨堂痩士）／送八淵師臨万国宗教大会（平野竹溪）／送八淵鎮西教館主之米洲（井手素行）

歌 八淵師の市俄高に赴かるゝを送る二首（山本李園生） 27

雑報

万国宗教大会臨席者／大会臨席者の打合会と大送別会／宗教大会に対する英文仏書の配附／大乗仏教大意翻訳の模様／九州夏期講習会／九州夏期講習会出席の案内状／稲村英隆僧正帰朝す／加藤恵証師の西比利亜行／西京共楽館に於ける加藤八淵両師の送別会／教育宗教衝突断案／忠孝活論 28

広告

出版（『仏耶決戦』・『冠註御文章』・『教育宗教衝突断案』・『忠孝活論』）／夏期講習会開催／尾上南鎧死去 29

社告

國教雑誌規則摘要 裏表紙

『國教』第二二五号（通号三三三号）

一八九三（明治二六）年八月三〇日発行

論説

印度苦学中の感懐（下） 釋 宗演 3

社説

対外的新運動と跼内的旧蠢動 1

広告

出版『世界三聖論』 表紙裏

特別社告

[万国宗教大会報道掲載予告] 表紙裏

論説

特別寄書

難易二道及聖浄二門略要

日本ニ於ケル宗教思想（完結）　平井龍華、野口復堂訳　阿満得聞　8

寄書

小説　花の露（中の下）　　旭松山人　12

北海道に於ける人心開拓　　嶋　紫陽　16

万国宗教大会の結果を夢む　林豊水隠士　19

演説

高野山大学林学生に告ぐ　　三浦　梧楼　22

渡米仏教家諸君を送る　文学士　澤柳政太郎　24

将さに日本を発せんとして　土宜　法龍　27

雑報

東京に於ける万国宗教大会臨席者の送別会／世界的仏教の運動者愈々日本を発す／二週間の九州仏教夏期講習会（第一其発会式／第二其来会者／第三其講習会／第四其質問会／第五其懇親会／第六其演説会／第七其閉会式／鎌倉二見に於ける夏期講習会／耶蘇教徒も亦た万国宗教大会に臨む／神道家も亦た万国宗教大会に向はんとす／『九州文学』記者の歎声　28

／土宜法龍師の光栄／嶋地黙雷師の遺憾状　30

広告

出版《『万国宗教大会議』・『蓮如上人縁起恵の燈』・『通俗安心決定鈔鼓吹』・『妙好人伝』）　裏表紙裏

社告　國教雑誌規則摘要　裏表紙

『國教』第二六号（通号三四号）

一八九三（明治二六）年九月三〇日発行

広告

万国宗教大会議派遣の社主八淵蟠龍の第一回報道を本号掲載、以後毎号連載／出版広告（『万国宗教大会議』・『耶蘇教の危機』）　表紙裏

社説　中西牛郎氏の二大論と一断案　1

論説

大乗仏教論　　蘆津　実全　7

仏教徒夏期講習会を論ず　在帝国大学　古河老川　11

詞叢　亡友清水吉太郎を哭す　　森　直樹　13

小説　花の露（下の上）　　旭松山人　20

万国宗教大会

遥に英領瓦港より九州の同志青年に寄す　八淵　蟠龍

万国宗教大会臨席道中記　八淵　蟠龍

ジャパン号日本を発す／ジャパン号は堅牢なり／船客船室支那ボーイ／同船日本人の諸人物／支那人琴を弾ず／十三昼夜の航路格別憂鬱を感ぜず／一芸を修めて語学文章に熟達せざる可らず／上等室の船客女尊男卑の陋習／船内食堂の景状郷に入りては郷に従ふ／食物の種類船中の文明人便所に入りて手を洗はず／太平洋上雲耶山耶の活詩を望む／日本の盛暑八月白雪皚々の中を行く／愈々移民教導の必要を感ず／洪嶽石蓮雲外三師の雄吟麗賦／熊本県人渡邊隆其禍難を救はる／支那人の下等客恰も穢多乞食の如し／錫蘭人色黒く体大なり／雑事四件／航海中重複の日世界要所時間の比較／八月二十一日午後十時市俄高に着す／衣食を抵当にして青年を育つ可し／万国宗教大会顛末報告書／大会閉場後釋蘆士三師の方針／小衲帰朝の期　八淵　蟠龍　24

広告　22

彰教書院発売書籍／出版（『仏教通俗講義』・『能仁新報』・『倶舎論翼一』・『仏典講義録』・『唯識三十頌錦花』・『法話』・『蓮如上人縁起恵の燈』・『通俗安心決定鈔鼓吹』・『妙好人伝』）／日本農民会緊急広告

附録

万国宗教大会代表者派遣義捐金報告〔住所・金額・姓名〕　九州仏教同盟会本部　後付1

社告　國教雑誌規則摘要　裏表紙

『國教』第二二七号（通号三五号）

一八九三（明治二六）年一〇月三〇日発行

社告　〔本誌代金延滞金〕　表紙裏

特別社告　西本願寺の総代議会　1

論説　中西牛郎氏の二大論と一断案（接続）　4

仏教青年会及び婦人会に就て　　　　　甲斐　方策

大乗仏教論（接続）　　　　　　　　　蘆津　実全

小説　花の露（下の中）　　　　　　　旭松山人

万国宗教大会

万国宗教大会開会式の光景〔シカゴ地方新聞雑誌より大塚末雄摘訳〕

『閣龍館裏万邦会。自是無軍旗戦鼓』とは／開会日猶ほ浅き亜米利加の新自由国に向つて来会せり／流石に広き閣龍館内も全く人を以て充たされたり／嚠喨たる唱歌を以て開会の式を開かる／時は愈々十時となれり／会長ボンネー氏歓迎の演説／委員長バルロー氏万国宗教大会の必要を論ず／錫蘭仏教の代表者ダンマパーラ氏仏教の慈悲寛容を演ず／日本神道の代表者柴田氏祝辞を朗読す／日本仏教代表者の挨拶

大会第二日の演説者／大会第三日の演説者／大会第四日／宗教大会に対する各教者の動静／原心猛師宗教大会に寄するの書／蘆津実全師帰朝の途に上る／日蓮宗大石寺沙門の狂乱

12　14　16

18

状／右狂乱状に対する土宜法龍師の駁撃書／右狂乱書に対する八淵蹯龍師の書簡／日本耶蘇教の代表者小崎弘道氏の論文／米国耶蘇教徒宗教談に畏縮す／博覧会内日本喫茶店の説教／シカゴ府内耶蘇教寺院の数／土宜法龍師「朝日輝く瑞穂国」の英詩を受く／八淵蟠龍師帰朝す／ダンマパーラ氏来朝せんとす

雑報

『京都新報』巧言令色の邀会衆諸師文／熊本に於ける宗教の奇現象／新仏教青年の夭落／廣海枳堂氏の遠征行／長洲町暴風遭難漁夫の惨状悲況

広告

出版《『傳燈』・『四明余霞』・『大乗仏教問答》／東京自由神学校生徒募集／上京（甲斐方策）

社告　國教雑誌規則摘要

24

33

裏表紙

裏表紙裏

『國教』第二八号（通号三六号）

一八九三（明治二六）年十二月七日発行

特別社告
　[本誌代金延滞金払込願／本誌万国宗教大会欄] .... 表紙裏

広告 .... 表紙裏

社説
　大会臨席者帰る今後の運動如何 1
　革新的仏教中央機関発行の最大急務 蘆津　実全 3

論説
　大乗仏教論（完結） 旭松山人 8

小説
　花の露（下の下） 10

万国宗教大会
　大会帰朝後第壱回報道 八淵　蟠龍 12
　宗教大会十日間の演説者（インター、ヲーシヤンの記事に依る） 受楽院普行訳 18
　日本と基督教の関係（大会演説） 平井　金三 19
　日本の仏教（大会演説） 土宜　法龍 20
　儒教一斑（大会演説） 薫　泉芳 23
　仏教の要旨幷に因果法（大会演説） 釋　宗演 24

　仏陀（大会演説） 蘆津　実全 27
　万国宗教大会閉会の祝辞（大会朗読） 八淵蟠龍原撰、平井金三訳読 30

雑報
　万国宗教大会臨席者帰朝／印度仏蹟回復の主唱者来朝／釋宗演師歓迎会／横浜に於ける万国宗教大会報道会／第一高等中学校に於ける八淵師の演説／東京に於ける大会報道大演説会／十五日大演説会の景況／鹿鳴館に於ける八淵師の演説／禿真子の八淵師歓迎文 32

広告
　出版広告（『妖怪学講義録』・『反省雑誌』・『密厳教報』） .... 裏表紙裏
　社告　國教雑誌規則摘要 .... 裏表紙裏

『國教』第二九号（通号三七号）

一八九三（明治二六）年一二月三〇日発行

広告

[本誌万国宗教大会欄広告]／出版広告（『国家的大問題雑居非雑居』） 表紙裏

社説

米国市俄高宗教大会の影響を論ず 中西 牛郎 1

論説

明治二十六年の仏界を回顧す 黙々居士 8

米国文明論 C.N.生 11

万国宗教大会

大会帰朝後第二回報道 八淵 蟠龍 13

雑報

ダンマパーラ氏第二回日本誘説の活歴史

第一横浜仏教青年会の演説／第二東京明教社員と対話／第三経済協会の席上演説／第四東京及び東海道地方の誘説／第五京都新報社の慷慨談／第六知恩院千畳敷の仏蹟興復演説／第七氏の帰国

曹洞宗の騒動愈々大騒動

界一凡夫の厳命／分離派の激昂／行政官の処分政権の力を後援としたる曹洞宗事務取扱の普達、辞令、申告、訓示、示達／分派渠魁の僧籍剥奪宗門擯斥／曹洞宗に関する質問書衆議院に顕はる／当路者中傷的の檄文配附／雑駁なる諸演説家網羅の内務省攻撃演説会／『明教新誌』と石川素童師との縦横乱撃／大騒動熱度沸騰点の徴候

近江園城寺聖道僧風壊頽の紛擾

『閣龍世界博覧会』を吟ず／土宜法龍師・蘆津石蓮師／海外宣教会の英訳仏書施本部数／拾錢三厘釋興然師の釈迦正風会／浄土宗布哇教会／日蓮宗海外布教会／『伝道新誌』の対外的大奮発／ユニテリアン弘道会の投機的陰険手段 21

附録

第二回万国宗教大会代表者派遣義捐金報告（住所・金額・姓名） 九州仏教同盟会本部 附1

26

34

『國教』第三〇号（通号三八号） 一八九四（明治二七）年二月二八日発行

社告	國教雑誌規則摘要		表紙裏
社説	気全快拝告	森直樹	
社告	九州仏教同盟会員諸君に告ぐ	八淵蟠龍	
社説	欧米社会の観察（黄白両人種の衝突期と仏耶二大教の決戦代）	八淵蟠龍	1
論説	主人の怠慢猾奴の専横	甲斐方策	7
	米国文明論（接続）	C・N・生	11
論説	大会帰朝後第三回報道	八淵蟠龍	16
	万国宗教大会		
	日蓮宗教義大意	新居日薩	23
広告	出版（『法之雨』・『伝道新誌』・『九州教育雑誌』）		裏表紙裏

雑報 大婚二十五年御祝典／世界に於ける仏陀伽耶恢復の勢焔／印度大菩提会総書記ダンマパーラ氏／仏京巴里に於ける真言宗の法会／西都に於ける八淵蟠龍師の光焔／本派大法主猊下の親言／本派の宿老執行八淵師の談話を聞く／知恩院千畳敷の大演説／中村楼及び伏見の演説／文学寮講堂の大演説／第三高等中学の仏耶両教青年会／八淵師同校仏教青年会に臨む／八淵師再び東上す／中西氏の仏教東漸史／八淵師同校仏教青年会／東京真宗青年会／各学校仏教青年連合大会／大谷派老法主の葬儀／其葬儀に関する二異評／東京仏教西漸の端緒海外伝道の一番乗／懐疑時代来れり／仏界近来の弊風／『伝道新誌』の自惚的反評

広告 出版（『我行く道』・説教録三篇出版予定）／東温譲君追弔法会／医術開業

社告 國教雑誌規則摘要　裏表紙

『國教』第三二号(通号三九号) 一八九四(明治二七)年六月一一日発行

表紙裏
特別社告
嶋宗平寄附／第三回仏教青年夏期講習会に付謹んで浄財の寄附を高僧信士に乞ふ（東京京都諸学校在学仏教青年連合会）

凱旋記念
万国宗教大会凱旋者八淵蟠龍師の歓迎会
凱旋偉人歓迎の準備／沿道輝し得たり凱旋の誉／本山河原凱旋偉人の歓迎式
歓迎八淵蟠龍師　平野　掴網　1
万国宗教大会凱旋者八淵蟠龍師を歓迎す　森　直樹　5
熊本三新聞の凱旋偉人歓迎雑報（九州日々新聞・九州自由新聞・熊本新聞）
壱万の歓迎軍に対する答辞　八淵　蟠龍　6
一日支店の特別歓迎会　　　　　　　　8
八淵蟠龍師の帰熊を祝す　大倉　東洋　9

万国宗教大会の凱旋者火洲八淵師を歓迎す 11
八淵偉人の帰熊を歓迎す　甲斐　方策　12
八淵将軍を歓迎し序に同志諸君に告ぐ　菊池　適　13
　　　　　　　　　　　　　　　　　山田　安間　14
茲ニ万国宗教大会臨席者火洲八淵蟠龍師ノ歓迎式ニ臨テ聊カ微衷ヲ述ブ　熊谷　観念　15
九州仏界の偉人を迎ゆ　金子　恵教　18
八淵蟠龍師を迎ふ　水上　四辻　19
謹んで偉人の帰熊を迎ふ　本山　知英　19
迎八淵蟠龍老師帰朝　菊池　寛容　21
嗚呼嗚呼実に嗚呼　篠　方典　22
東雲座の報道大演説会　　　　　　　　22
万国宗教大会の現況及観察　八淵蟠龍演説（國教編者筆記）23
八淵蟠龍師の演説を評す　森　半仏　24

広告
医術開業／出版（『少年園』）／印章彫刻（温古堂印房）／印刷局御製造朱肉（長崎次郎支　35

裏表紙裏　社告　國教雑誌規則摘要　（店）

裏表紙　『九州仏教軍』第一号　一八九一（明治二四）年七月一五日発行

表紙裏

禀告	佐々木抑堂	前付1
祝詞		
九州仏教軍の発刊を祝す	藤岡 法真	前付2
祝詞		
九州仏教軍の首途を祝す	牧野 大蓮	前付3
祝詞	佐々木諦成	前付3
祝詞	佐々木雲嶺	前付3
祝詞	松島 善海	前付3
祝詞	藤 教証	前付5
九州仏教軍の発途を祝す	松山松太郎	前付5
祝詞	北豊産士 手島春治	前付5
祝詞	相浦 完良	前付5
電報	ヒガシオンジョウ	前付5
電報	カワカミテイシン	前付5
電報	ナカシマサイシ	前付5
祝詞	源 達源	前付6

祝詞	立花 治道		前付6
祝詞	秦 法励		前付6
祝詞	大在 芳達		前付6
会説 九州仏教倶楽部之趣意書			1
論説 上仏教各宗管長書	筑紫 生		4
仏教研究者に告ぐ	武田 篤初		10
僧侶の気象を論じ併せて之を高潔ならしむる方法を示す	前田 慧雲		13
法話 九州倶楽部例月法話会に於て	斎藤 聞精		15
寄書 支那宗教一班	井出 三郎		19
欧州行日誌	善連 法彦		23
国民之友第百十八号浮田和民氏の人生の目的を評す	安田 格		25
蒐録 訪半僧居士席上賦呈	晩翠軒主人		30
念仏唱和篇	七十一翁 西秋谷		30
同次韻	松島 南溟		31
念仏篇	白 香山		31
余将申上海赴漢口賦七言古一篇以告別於馮氏	井出 素行		31
燕京述懐寄法友某	井出 素行		31
孤煢子	紫 東生		32
本部報告 九州仏教倶楽部規則／本部発起者（岩切法電・岩尾昌弘・池野三郎・秦法励・東光了範・大神瑞章・大在芳達・合志諦成・金守初熊・立花紹道・中西牛郎・長末晋太郎・村上硯次郎・熊谷宏遠・松島善海・松本熊四郎・藤岡法真・神代洞通・手島春治・相浦完良・佐々木雪嶺・源達源）／本部役員（会長に相浦完良、常議員に井手三郎・池野三郎・中西牛郎・村上硯次郎・松島善海・神代洞通・手島春治・源達源、常務主任に竹馬光彦、会計主任に熊谷宏遠、主筆に中西牛郎、編輯員に金守初熊）／本部会員（住所・姓名）／本部創立費寄付金芳名（金額・姓名）			
広告			35

海外宣教会／広告（『新仏教論』・『真宗教史序論』・『宗教大勢論』・『組織仏教論』・『伝道会雑誌』・『反省会雑誌』）／九州仏教倶楽部本部認定宿

40

	26-9, 27-6, 29-1, 30-1, 32-1, 34-13, 37-8, 38-表紙裏, 39-6
森　半仏	39-35

《や》

安田　格	九1-25
安田真月	11-32
八淵蟠龍（龍崩嵓火州）	8-1, 9-3, 10-8, 11-1, 12-1, 12-3, 21-1, 22-1, 23-1, 24-1, 25-1, 25-4, 34-22, 34-24, 36-12, 37-13, 38-1, 38-16, 39-8, 39-24
柳堂秀雄	16-26
梁瀬我間	22-20
矢矧　昇	22-25
山田亀喜	31-28
山田天山	2-28
山田安間	31-26, 39-15
山本松稜逸	16-25
山本李園生	32-28
不得止庵主人	9-29
善連法彦	九1-23
吉弘新太郎	31-17, 32-21
吉弘正臣	31-28
吉丸徹太郎	8-26
吉村蠑堂（蠑堂居士）	11-14
吉村真治	1-24, 8-29, 9-46, 11-32, 12-20

《ら》

楽天処士	7-20
龍華空音	14-20
龍崩嵓火州→八淵蟠龍	

《は》

白川　生→片桐白川	
橋本麒一	31-28
秦　法励	九1-前付6
波多野彦也	14-20, 15-23
服部宇之吉	1-前付2, 1-15, 4-3
服部範嶺	22-22
林　豊水	33-22
林　稚枝	31-28
晩翠軒主人	九1-30
ヒガシ　オンジヨウ〔東温譲〕	九1-前付5
樋口珠南	15-24
樋口唯誓	14-20
日溪法霖	14-12
悲憤　生	14-21
姫宮大円	5-2, 6-8
白香山	九1-3
平井金三(平井龍華)	4-6, 32-14, 33-12, 36-19, 36-30
平井正衛	11-25
枚田探源	4-19
平野掴網	39-5
平野竹溪	32-28
廣瀬　高	31-28
フォーセット、ドグラス	3-18
福井了雄	8-9
藤　教証	九1-前付3
藤井宣正	22-23
藤岡法真	1-前付2, 九1-前付2
不二門静湖	14-19
藤島了穏(胆岳)	1-10, 22-22
古河老川〔古河勇〕	27-2, 27-21, 34-11
編輯者	9-1
望見　生	11-18
堀内静宇(静宇居士)	1-13, 3-7, 8-4, 9-7, 21-3, 21-21, 25-17, 26-20
本郷廣太	31-28

《ま》

前田慧雲	3-10, 22-21, 九1-13
牧野大蓮	九1-前付2
松島善海(松島南溟)	九1-前付3, 九1-31
松平正直	11-23
松林法雷	14-19, 15-23
松村森吉	31-19
松山松太郎(松山緑陰)	2-4, 2-13, 30-10, 九1-前付5
三浦梧楼	33-24
水上四辻	39-19
水月仲丸	15-24
瑞穂秋帆	14-20
源　達源	九1-前付6
ミユラー、エフ・エーチユ	25-19, 26-22
無名　生	6-4, 7-9, 8-24
村岡朝太郎	9-34
メルケエルス、エ、エフ	1-22, 3-16, 4-15, 6-18
黙堂居士	3-20
黙々居士→森直樹	14-9
本山知英	31-24, 39-21
森　直樹(黙々居士)	14-9, 15-4, 16-2, 21-12, 22-23, 23-11, 25-10, 26-1,

白川正治	7-25	柘　寛雄	22-25
新道迂蹊	10-30, 11-23, 15-24, 22-25	辻　治之	5-4, 8-13
杉村大八	11-25	津田静一（梅渓）	1-前付1, 11-24
杉山　生（杉山某）	7-22, 8-15	土田黙庵	12-20
スプルツアイム	10-16	手島春治	九1-前付5
スマンガラ	1-19, 2-23	天　狂　生	11-3
磨墨体量	6-19, 21-13, 22-17	東坡居士	23-20
静字居士→堀内静字		土宜法龍	33-28, 36-20
青　香　影	22-25, 31-28	禿　充	5-16, 7-28, 11-23, 12-31
折言狂生	15-24	戸城伝七郎	1-12, 2-8
先憂後楽斎主人	23-19	咄堂、咄堂居士→加藤熊一郎	
草　折　言	14-20	外山義文	21-17, 22-10, 25-19, 26-22

《た》　　　　　　　　　　　　　　《な》

ダヴイツ、ライス	23-18	中川小十郎	3-3
鷹枝白水（鷹枝大観）	11-23, 12-19, 16-26	ナカシマ　サイシ	九1-前付5
		中瀬秀二郎	15-23
高木米所	14-20, 15-23	中西牛郎	1-4, 2-25, 3-12, 4-8, 5-3,
高田道見	22-7, 23-6		7-4, 7-15, 10-4, 10-21, 15-10,
高見廣川	2-前付3		24-10, 27-20, 28-6, 29-6, 30-5,
武田興國	9-32		31-7, 32-8, 32-19, 37-1
武田篤初	九1-10	中西元治郎	7-6, 9-10, 11-5
橘　大安	26-17	長嶺円子	16-26
立花治道	九1-前付6	中村六蔵	1-前付2, 6-10
辰巳小二郎	24-6	名古屋社友某	10-31
谷口藍田	14-14	なつき	11-8, 12-16
ダンマパーラ	21-5, 21-21, 23-7	南條文雄	1-前付1
丹霊々居士	22-4, 23-3	西　秋谷	九1-30
筑　紫　生	九1-4	西保太郎	21-9, 24-12, 29-12
調　雲　集	14-19, 16-25	野口復堂	32-14, 33-12
徴　龍　渓	22-25		
直　言　生	3-25		
月輪正遵	27-9		

	31-22, 32-11, 32-20, 35-12, 38-7, 39-13
片桐白川(白川生)	7-18, 8-17, 9-25, 11-9, 12-10
加藤恵証	24-16
加藤竹翁	10-30, 22-26
加藤熊一郎(加藤咄堂、咄堂、咄堂居士)	
	1-前付4, 1-22, 3-14, 3-16, 4-15, 6-12, 6-18, 9-17
迦絋慈雲	12-20
金子恵教	39-19
鎌田淵海	15-10, 22-21
カワカミ テイシン	九1-前付5
含翠庵水村	2-20
菊池　適	31-27, 39-14
菊池寛容	11-21, 12-29, 14-19, 15-22, 39-22
菊池三舟(菊池三舟居士)	7-25, 10-30, 11-22
菊池須奈雄	23-14
菊池　純	26-24
菊池千枝子	14-21, 16-26
軌蔵居士	31-28
九州仏教同盟会本部	34-附1, 37-附1
行誠上人〔福田行誠〕	23-18
狂　新　生	16-11
狂仏居士	10-24, 12-23
清浦奎吾	15-22
旭松山人(堀内荘)	27-23, 29-25, 30-23, 32-25, 33-16, 34-20, 35-16, 36-10
草野折言	15-23
草野本誓(草野紫洲)	10-6, 11-16, 11-22, 12-17, 12-19, 14-1, 14-19,

	16-25
熊谷観念	39-18
黒田親明	31-28
薫　泉　芳	36-23
解脱上人	23-16, 25-20, 27-19
古池花鸚(晴雪庵)	14-20
神代洞通	6-23
後楽庵主人	1-19, 2-23
孤月町庵主人	22-26
コットン、ルイス	2-20
小中村清矩	16-19
小山憲栄	22-21

《さ》

齋田耕夫	31-28
斎藤聞精	22-21, 九1-15
佐久間象山	25-21
佐々木雲嶺	九1-前付3
佐々木狂介(佐々木抑堂)	九1-前付1
佐々木諦成	九1-前付3
澤柳政太郎	33-27
G.N.生(C.N.生)	37-11, 38-11
紫　東　生	九1-32
篠　方典	39-22
嶋　宗平(志摩紫陽, 嶋紫陽)	16-15, 23-13, 33-19
島地黙雷	7-1, 14-6, 28-10
釋　宗演	2-前付2, 22-14, 30-18, 31-3, 33-3, 36-24
釋　守　愚	30-21
秋楓山人	4-21
受楽院普行	36-18
勝國道人	14-3

(4)

『雑誌『國教』と九州真宗』執筆者索引

《あ》

相浦完良	九1-前付5
赤星実明	11-23, 22-25
赤松連城	2-15
秋山銀二郎	1-26, 2-32, 3-21, 7-11, 10-25, 16-13
足利義山	22-22
蘆津実全	29-19, 31-28, 34-7, 35-14, 36-8, 36-27
アーノルド、エドウ井ン	21-17, 22-10
阿満得聞	12-7, 33-8
新居日薩	38-23
粟津獺溪	22-25, 31-28
安養寺円晉	9-23
井伊智量	22-20
生田得能(織田得能)	5-12, 8-7
井口素行	12-20
池松豊記	2-前付2, 2-29
伊佐次太	31-28
石川望洋	14-1
和泉 司	25-14, 27-11
井出三郎(肥後山人井出三郎、井出素行)	32-28, 九1-19, 九1-31
井上円了	27-14, 29-10
井上栄(井上昆江)	12-18, 14-19
井上哲次郎	6-14, 14-12, 28-13, 29-16, 30-11, 31-9
茨木惟昭	11-24
今村雲峯(今村雲峰)	11-19, 14-20
今村大膳	16-25
内山亀吉	31-28
雨堂痩士	32-27
雲岫 生	3-18
S. S. 生	4-17
S. Y.	2-30
桜雨 生	26-18
大内靑巒(藹々居士)	7-16
大倉東洋	39-12
大在芳達	九1-前付6
大島 搏	14-24
大城誓三	14-21
大塚末雄	27-18, 35-18
大友達行	11-22
大道憲信	31-1
荻野独園	14-19
奥山千代松	11-4, 12-6
小栗憲一	16-25
小栗栖栞処	14-19
織田得能→生田得能	
小野木善親	14-20

《か》

甲斐方策	25-16, 28-24, 29-22, 30-19,

『雑誌『國教』と九州真宗』執筆者索引・凡例

一、本索引は、配列を五十音順とし、外国人名も姓を基準とした。
一、旧漢字表記が通例となっている一部の姓名を除いて、旧漢字、異体字はそれぞれ新漢字、正字にあらためた。また、明らかな誤植はあらためた。
一、姓名の判明する者は、その姓名を記し、号・異名・旧姓・通称名などは（　）内に記した。〔　〕内は編集部の補足による。
一、表記は、号数－頁数の順とした。号数は『國教』の通号の号数を示し、「九1」は『九州仏教軍』の第1号であることを示す。

III 索引

解題執筆者紹介

中西直樹（なかにし・なおき）

一九六一年生まれ

龍谷大学文学部歴史学科（仏教史学専攻）教授

主要著書

『日本近代の仏教女子教育』法藏館、二〇〇〇年
『仏教と医療・福祉の近代史』法藏館、二〇〇四年
『仏教海外開教史の研究』不二出版、二〇一二年
『戦前期仏教社会事業の研究』〈共著〉不二出版、二〇一三年
『植民地朝鮮と日本仏教』三人社、二〇一三年
『仏教国際ネットワークの源流』〈共著〉三人社、二〇一五年
『植民地台湾と日本仏教』三人社、二〇一六年

編集復刻版『雑誌『國教』と九州真宗』全3巻・別冊1

2016年7月15日 第1刷発行

別冊 ISBN978-4-8350-7885-4
揃定価（本体75,000円+税）
全4冊 分売不可 セットコード ISBN978-4-8350-7881-6

編・解題者　中西直樹
発行者　細田哲史
発行所　不二出版 株式会社
東京都文京区向丘1-2-12
電話　03（3812）4433
FAX　03（3812）4464
振替　00160-2-94084

組版・印刷・製本／昴印刷
©2016